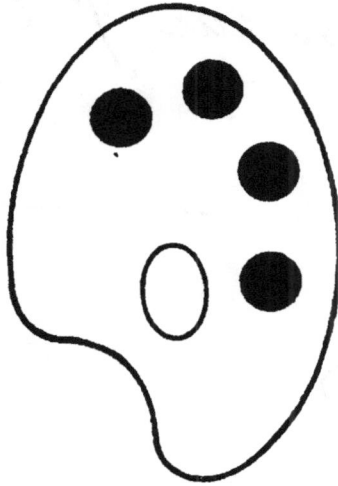

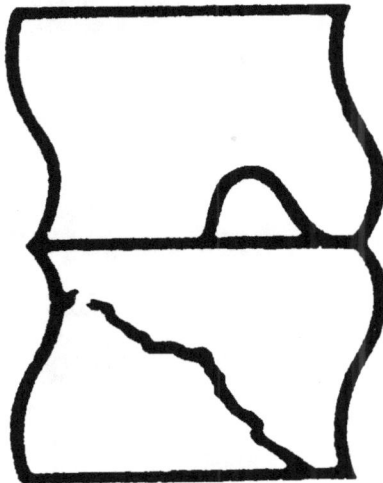

h. Blondeau J. E. Jonatha.

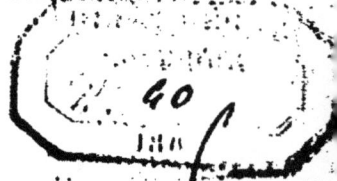

Carnot

N. 40

CARNOT

DRAME MILITAIRE EN CINQ ACTES ET HUIT TABLEAUX

Représenté pour la première fois, à Paris, sur le théâtre de l'Ambigu-Comique,
le 26 avril 1884.

IMPRIMERIE GÉNÉRALE DE CHATILLON-S-SEINE. — A. PICHAT.

CARNOT

DRAME MILITAIRE

EN CINQ ACTES ET HUIT TABLEAUX

PAR

MM. H. BLONDEAU & L. JONATHAN

PARIS

TRESSE, ÉDITEUR

8, 9, 1), 11, GALERIE DU THÉATRE-FRANÇAIS

PALAIS-ROYAL

—

1885

PERSONNAGES

CARNOT.	MM.	TAILLADE.
JEAN RE 'AUD.		G. GRATIER.
CANIVET, archand d'oiseaux.		Cocatès.
HORACE, c nestique		E. PETIT.
LE COMTE D'AUFFREVILLE.		FOURNIER.
PITOIS, fournisseur.		COURCELLES.
JOURDAN, général en chef.		DARMEZ.
BAPTISTE, domestique de Carnot.		MALLET.
CASIMIR, maître d'éco.e		NEMO.
CARNOT-FEULINS, frère de Carnot		GASPARD.
MONGE, ami de Carnot.		HENRI ROSE.
LARIPLA, grenadier		BACKEL.
BRUTUS, grenadier.		DUBREILLY.
GRAIN-DE-SEL, grenadier.		LAGARDE.
MARTIAL, vieux paysan		MAGNIER.
DOMINIQUE, paysan		PLOTON.
BONIFACE, paysan		ALBERT.
JACQUOT, paysan travesti		DARLY.
LE CHEF DES EXEMPTS		MORIN.
UN COMMISSAIRE DES VENTES		DECOURT.
PREMIER SANS CULOTTE		DAVID.
DEUXIÈME SANS-CULOTTE		PAULIN.
UN INCONNU.		JÉOU.
UN CRIEUR		
UN BOURGEOIS		PLOTON.
UN SERGENT		SÉGUIER.
UN COURRIER		HIX.
THÉRÉSON	Mlles	MARIE KOLB.
MADAME D'AU. .EVILLE, mère de Jean Renaud et de Léona:		FAUSTIN.
		PAIRY.
LÉONA, fille de madame d'Auffreville		ANTONIA LAUREAT.
BLANCHE, fillente de Carnot.		LUCY JEASSE.
MADAME CARNOT.		PAULINE MOREAU.
UNE FEMME DU PEUPLE.		MORIN.

PAYSANS, EXEMPTS, BOURGEOIS, SANS-CULOTTES, GRENADIERS, CONVENTIONNELS, TRICOTEUSES, VOLONTAIRES, OFFICIERS, JEUNES ENFANTS, PAYSANNES, GARDES-NATIONAUX, SOLDATS AUTRICHIENS.

––––––––––

S'adresser pour la musique, à M. de Lagoanère, 14, rue Rougemont, à Paris, et pour la mise en scène, à M. Ploton, régisseur au théâtre de l'Ambigu.

CARNOT

ACTE PREMIER

PREMIER TABLEAU

1785

L'AUBERGE DU PANIER FLEURI

Une place de village. — A gauche, l'auberge du panier fleuri
avec tonnelle extérieure et sous laquelle on peut servir à déjeuner à des voyageurs ; près de la tonnelle, un banc rustique ;
au-dessus de la tonnelle et bien en vue du public, l'enseigne de
l'auberge : *Au panier fleuri*. — A droite, l'entrée du château
du comte d'Auffreville. — Au fond, quelques bicoques parmi
lesquelles celle du père Martial. Le fond de la scène est envahi
par un amoncellement de hardes et de vieux meubles, prépa-
res comme pour une vente aux enchères. La scène se passe à
Lillers près de Béthune en 1785.

SCÈNE PREMIÈRE

THÉRÉSON, BAPTISTE.

Au lever du rideau, Théréson, Baptiste sous la tonnelle de gauche, sont
en train de mettre un couvert pour trois convives.

THÉRÉSON, accent marseillais.

Allons, allons, troun de l'air... activons, Baptiste... il

1

est onze heures, et vous savez que ces messieurs doivent être ici à onze heures pour le quart !...

BAPTISTE.

Heure militaire ?...

THÉRÉSON.

Je crois bien, puisque les invités de M. Monge sont le capitaine Carnot et son frère Feulins... actuellement tous les deux officiers du Roi, à Béthune !... Allons, allons... pécaïre... assez de questions... passez-moi les serviettes... et depêchons-nous, plus vite que cela... hein !...

BAPTISTE.

Quel vin faudra-t-il monter ?...

THÉRÉSON.

Hé ! le meilleur !... Mais surtout du Bourgogne... ils sont tous bourguignons !... (Baptiste va pour entrer dans l'auberge. On voit au fond Canivet et le commissaire des ventes qui sont en train de gesticuler et qui ont l'air d'estimer les meubles amoncelés devant la bicoque du père Martial. — Bruit de voix.) Té !... qu'es aco ?...

BAPTISTE, allant à la porte qui donne accès à la tonnelle sur la place du pays.

Ah !... ah !... c'est le commissaire des ventes qui s'occupe avec Canivet d'inventorier les meubles du pauvre père Martial !...

THÉRÉSON.

On les a mis dehors ?...

BAPTISTE.

Pour les vendre à la criée.

THÉRÉSON, surprise.

Les vendre ?...

BAPTISTE.

Aujourd'hui à midi, par ordre de M. le comte d'Auffreville, notre seigneur et maître...

THÉRÉSON.

Et Canivet prête la main à cette infamie !... Eh bien, je vais le recevoir de la bonne façon quand il va se présenter ici.

f

BAPTISTE.

Ma foi, vous n'attendrez pas longtemps... car justement le voici qui se dirige de ce côté... Moi, je vais au-devant de ces messieurs pour porter leurs bagages.

Il sort par le fond, à droite.

SCÈNE II

THÉRÉSON, puis CANIVET.

THÉRÉSON, continuant à mettre son couvert.

Oser prétendre à mon amour et se faire le complice de cette vente... un acte que renierait un cannibale... non, mais c'est par trop fort, ma parole d'honneur! On n'a pas idée de cela!

Sur ces derniers mots, Canivet est entré sous la tonnelle sans être vu et est venu prendre un baiser sur le cou de Théréson qui lui tournait le dos. Il tient une magnifique rose à la main. Le commissaire des ventes a disparu.

CANIVET.

Bonjour... mam'zelle Théréson.

Il l'embrasse.

THÉRÉSON, surprise et se retournant.

Bonjour!

Elle lui donne un soufflet.

CANIVET.

Oh!

THÉRÉSON.

Mon pitchoun... ceci vous apprendra!

CANIVET, se tenant la joue.

Moi qui venais vous offrir une rose.

Il la montre.

THÉRÉSON.

Eh bien, de quoi vous plaignez-vous? Vous m'offrez une rose et je vous rends une giroflée...

CANIVET, se tenant la joue.

J'avoue que je ne m'attendais pas à une réception aussi... touchante...

THÉRÉSON.

Qu'es aco? Eh bien, moi je trouve que la réception est tout à fait digne du personnage! (s'animant.) Troun de l'air! (Marchant sur Canivet.) Ah ça! monsieur Canivet... si vous osez prétendre à ma main, je vous défends absolumecent de vous occuper de la vente de ce pauvre père Martial!

CANIVET.

Mais mon maitre... M. le comte d'Auffreville...

THÉRÉSON.

Votre maitre est une canaille!

CANIVET, scandalisé.

Oh!...

THÉRÉSON.

Oui, une canaille... quoi?... Parce que le père Martial, qui est la crème des hommes, lui doit dix malheureux écus, il ordonne de jeter les meubles de ce brave sur la grande route et il menace de les lui faire vendre! Bagasse!

CANIVET, vivement.

Je n'approuve pas ça!

THÉRÉSON.

C'est heureux!

CANIVET.

Mais c'est pas moi qui suis le coupable dans cette histoire!... Comme jardinier du comte, je suis pourtant bien obligé de lui obéir!...

THÉRÉSON.

Cela dépend!

CANIVET.

On me dit de sortir des meubles, il faut bien que je les sorte...

THÉRÉSON.

On ne les sort pas!... On se rebiffe... on se révolte... ou on quitte sa place.

CANIVET.

Quitter ma place! Quitter Lillers... quitter le château

qui est précisément en face du « Panier fleuri » mais... vous n'y songez pas !... Vous savez bien que c'est la proximité de ma place qui cause toute ma béatitude !...

THÉRÉSON.

Laissez-moi tranquille !...

CANIVET, s'animant.

Vous savez bien que tout le bonheur de ma vie est de pouvoir vous dévorer du regard tout en arrosant mes plates-bandes.

THÉRÉSON.

Quel imbécile !...

CANIVET, avec feu.

Ah !... tenez, demandez-moi des choses impossibles !... Demandez-moi de grimper dans la lune, à califourchon sur le dos d'une baleine ou d'un éléphant... Demandez-moi de me tenir suspendu en l'air pendant cinq minutes... en me tenant par les cheveux... je veux bien essayer !... Mais quitter le château ?... J'aimerais mieux avaler mon arrosoir !...

THÉRÉSON.

Mon bon... votre maître est d'un exemple pitoyable pour vous ! c'est un libertin !

CANIVET.

Ça, c'est vrai !

THÉRÉSON.

Un mauvais seigneur qui se rattrape sur les tailles et sur les corvées pour payer ses dettes et ses maîtresses !

CANIVET.

Ça, c'est encore vrai !

THÉRÉSON.

Un débauché, uu mauvais mari !

CANIVET.

Ça, c'est toujours vrai !

THÉRÉSON.

Car on ne peut pas dire, n'est-ce pas, que la pauvre et chère contesse soit bien heureuse avec cet être-là !

CANIVET.

Oh ! non !... Pauvre femme !

THÉRÉSON.

Il est brutal, jaloux sans motif... Et si ce n'était que cela encore! mais ce qui est épouvantable... c'est que par dessus le marché, le comte d'Auffreville est surtout un mauvais père!...

CANIVET.

Oh! un mauvais père! pas pour mamzelle Léona, sa fille!... Il l'adore!...

THÉRÉSON.

Pour sa fille, peut-être bien... Mais pour ce qui est de ce pauvre M. Jean...

CANIVET.

Il est vrai que celui-là n'est pas son fils...

THÉRÉSON.

Té!... Belle raison, ma foi!... Est-ce qu'il y a seize ans, lorsqu'il a épousé madame Renaud, la veuve de Michel Renaud, l'avocat d'Arras... le comte ne savait pas qu'elle avait un fils... que ce fils était en bas âge et qu'il devait lui servir de père!... Allons donc!... Eh bien, au lieu de cela, monsieur réserve toutes ses tendresses pour sa fille et déteste ce pauvre M. Jean!... C'est mal, très mal!... Et je vous répète, moi, que notre seigneur est un gredin et que tout noble qu'il est, il ne vaut pas la dixième partie d'un fifrelin coupé en quatre!..

> Pendant toute cette scène, Canivet a aidé Théréson et ils ont achevé de mettre le couvert. On entend tout à coup la voix de Baptiste.

BAPTISTE, au dehors.

Par ici, capitaine, par ici!

THÉRÉSON.

Diable, il paraît que voici déjà ces messieurs... allez, houst, monsieur Canivet, faites un peu de la place!...

> Elle bouscule Canivet qui manque de tomber.

SCÈNE III

LES MÊMES, CARNOT, CARNOT-FEULINS et BAPTISTE.

Carnot et son frère sont tous les deux en officiers du génie. Carnot porte les insignes de capitaine. Ils arrivent de droite et du fond.

CARNOT, entrant et à Baptiste.

Vous dites que la diligence de Saint-Omer arrive à Lillers à quelle heure?

BAPTISTE.

A onze heures et demie, mon officier!...

CARNOT, à son frère.

En ce cas, nous n'attendrons pas longtemps, car tu le sais, Monge est exact.

FEULINS.

Comme un mathématicien!

CANIVET, s'avançant.

Monge!... Pardon, excuse, mon capitaine, c'est-y donc m'sieu Monge que vous attendez?

CARNOT.

Oui... eh bien?

CANIVET.

L'arpenteur?

CARNOT, souriant.

Comment l'arpenteur?... Enfin, si tu veux !...

CANIVET.

Il est ici...

FEULINS.

A Lillers... déjà?

CANIVET.

Depuis ce matin!

CARNOT.

Et où est-il?

CANIVET.

Dans le jardin de mon maître, le comte d'Auffreville, qui l'a fait venir de Saint-Omer pour arpenter les terrains du château.

CARNOT, avec élan.

Va vite le prévenir de mon arrivée et dis-lui que le capitaine Carnot, son compatriote a la plus grande hâte de l'embrasser!

CANIVET.

J'y cours, mon capitaine.

Il sort par le deuxième plan à droite et entre dans le château.

THÉRÉSON.

Et moi, je vais aller veiller à mes fourneaux pour que mes côtelettes ne reçoivent pas un coup de feu! (A Carnot.) Il est vrai qu'un coup de feu ne doit pas effrayer un militaire.

Elle disparaît en riant suivie de Baptiste.

SCÈNE IV

CARNOT, CARNOT-FEULINS.

CARNOT.

Eh! parbleu... Je m'explique maintenant la lettre de Monge... Il a été appelé à Lillers pour des travaux pressés.

FEULINS.

Et comme il ne voulait pas venir aux portes de Béthune sans nous serrer la main...

CARNOT.

Il nous a invités à déjeuner à l'hôtel du *Panier fleuri*... pour nous voir réunis tous les trois....

LA VOIX DE MONGE, au dehors.

Je vous dis que je n'ai pas besoin d'être conduit...

CARNOT, vivement.

Sa voix!...

FEULINS.

C'est lui!...

SCÈNE V

LES MÊMES, MONGE.

Carnot et Monge se jettent dans les bras l'un de l'autre.

MONGE, sortant du château.

Carnot!

CARNOT.

Monge!

MONGE, allant à Feulins.

Et Feulins, ton frère, que je n'avais pas vu depuis mon dernier voyage à Beaune.

FEULINS.

Cela va bien?

MONGE.

Comme tu vois!

CARNOT.

Qu'on est donc heureux de se retrouver ainsi.

MONGE.

A table!...

CARNOT, et son frère.

A table!...

Ils s'asseyent tous les trois sous la tonnelle. — Théréson leur sert à déjeuner.

FEULINS.

Ah çà! mon cher Monge, sais-tu bien que nous avons été très fort intrigués en recevant ta lettre!... Que diable es-tu venu faire à Lillers?

MONGE.

Relever les terrains du château... pour un ami qui désire l'acheter.

CARNOT.

Le comte d'Auffreville vend ses biens!

1.

MONGE.

Il est ruiné!... Mais ne nous occupons pas de ce triste personnage! Parlons de toi, Carnot!.. Tu sais que j'ai lu ton *Eloge de Vauban* et que j'approuve pleinement l'Académie de Dijon qui l'a couronné! C'est une œuvre puissamment écrite... mes compliments.

FEULINS.

L'*Eloge de Vauban* n'a été pour lui qu'un prétexte!

CARNOT.

Tout ce que mon âme contenait d'indignation contre le despotisme, tout ce que mon esprit a pu concevoir de réformes pour l'avenir de mon pays... je l'ai mis dans cet ouvrage, qui est la profession de foi d'un cœur sincère, je le jure!.. C'est presque mon *credo!*

MONGE.

Ton enthousiasme pour Vauban éclate à chaque page.

CARNOT.

J'aime Vauban... parce que Vauban fut toujours du côté du peuple et qu'il ne courba jamais la tête devant la royauté égoïste et arrogante! J'aime Vauban parce que c'était un esprit juste... grand... un philanthrope... un homme d'Etat... et que jamais une logique plus puissante ne soutint les droits du travail contre les stupides prétentions de la noblesse et du clergé.

FEULINS.

La noblesse de son temps, passe encore!... Mais si Vauban avait eu affaire à la nôtre, qui ne connaît du cœur humain que les plaisirs... de la nature que les décorations d'opéra ou les ifs de Versailles....

CARNOT.

Il aurait éprouvé comme nous un sentiment de profonde tristesse.

FEULINS, d'un air ironique.

Oh! si cela continue encore quelque temps, je crois que nous sommes appelés à voir de bien grandes choses!

CARNOT.

Peut-être terribles!

MONGE.

Crois-tu donc à une révolution ?

CARNOT:

Si j'y crois ! Et comment ne pas la prévoir !... Tout est privilège pour les nobles... tout est entrave pour l'industrie et le génie humain. Les dignités, les grades, les honneurs sont exclusivement réservés à tout ce qui est pied plat, rôdeur de boudoir ou courtisan. Les caisses du trésor sont vides, les charges ne pèsent que sur une classe... la noblesse et le clergé possèdent à eux seuls les trois quarts de la France ! L'autre quart est au peuple... au peuple à qui on a donné ce morceau de terre comme on jette un os à ronger à un chien ! C'est la noblesse qui dilapide les fonds de l'Etat, qui ne fait rien et qui est tout !. C'est le peuple qui souffre, qui travaille et qui n'est rien ! Le peuple est abreuvé d'impôts, il paie au roi, aux seigneurs et au clergé. C'est lui qui produit pour tout le monde, qui défend de son sang la patrie, qui nourrit les autres, et il n'existe pas !... Et vous voulez que cela continue ! Allons donc ! La liberté individuelle est violée par les lettres de cachet, la liberté de la presse est étranglée, l'Etat est mal défendu au dehors, il est trahi au dedans par des hommes faibles et incapables... Cela ne peut pas... cela ne doit pas durer !. Voltaire, Montesquieu et Jean-Jacques ont fait entendre les premiers grondements de l'orage révolutionnaire, de vagues pressentiments planent sur nos âmes... la révolution est imminente... la révolution est nécessaire !

Bruits et rumeurs au dehors. — Théréson rentre en scène avec Baptiste.

CANIVET, sortant du château à droite.

Ah ! C'est affreux !... C'est indigne !...

MONGE, se levant en même temps que Carnot.

Que se passe-t-il ?... Qu'y a-t-il ?...

SCÈNE VI

LES MÊMES, THÉRÉSON, BAPTISTE, CANIVET.

CANIVET, essoufflé.

Il y a, messieurs, que le comte d'Auffreville est un mau-vais cœur, et que si l'un de vous eût été là... il n'aurait pas osé faire ce qu'il a fait !...

CARNOT.

Parlez... dites-nous...

CANIVET.

Voilà de quoi il retourne !.. Aujourd'hui, à midi, on va vendre le mobilier d'un pauvre brave... nommé Martial et qui est en retard de dix écus sur ses impôts... Tout à l'heure, lorsque M. le comte d'Auffreville rentrait de la chasse... le vieux qui l'attendait au passage s'est jeté à ses pieds en lui demandant de lui accorder du temps.... il a insisté, pleuré .. et comme le comte ne paraissait pas vouloir l'entendre... À bout de patience et de courage, il lui dit : Ce que vous faites là est indigne d'un gentil-homme !...—Valetaille ! lui réplique le comte, et du fouet qu'il tenait à la main, il cingla la face du pauvre vieux !

CARNOT.

Quelle infamie !.....

FEULINS.

Et personne n'a protesté ?

THÉRÉSON.

Protester contre qui, puisque cet homme est notre maître à tous !

CARNOT.

Cet homme n'est qu'un misérable !..

SCÈNE VII

LES MÊMES, MARTIAL, DOMINIQUE, BONIFACE. Quelques paysans sortant du château à droite. — Dominique et Boniface soutiennent Martial.

BONIFACE.

Ah! c'est mal !

MARTIAL, qui porte la trace d'un coup de fouet sur la face.

Et pour dix malheureux écus que je lui re lois sur mes derniers impôts!.

Il s'assied sur le banc à gauche.

BONIFACE, à droite de Martial.

Ah! moi, j'avoue qu'à votre place, je ne me serais pas contenu... je l'aurais étranglé!

MARTIAL.

Oh ! il y dix ans il ne m'aurait pas traité ainsi... Mais à c't'heure, je suis vieux, ... je n'ai plus ma force d'autrefois... et il faut que je me contente de dévorer ma rage !

DOMINIQUE, à gauche du père Martial.

Oser frapper un homme qui a presque le double de son âge ! Vous, un vieux marin !

MARTIAL.

Et si vous saviez enc re quel est le véritable motif de la haine qu'il a pour moi?

CARNOT, qui s'est rapproché.

Qu'est-ce donc ?

MONGE, même jeu.

Racontez-nous ?

MARTIAL.

Non !... Voici la comtesse qui rentre au château avec son fils Jean... Inutile que je lui fasse de la peine...

BONIFACE.

D'autant plus que celle-là, son mari la fait pleurer encore plus souvent qu'à son tour!...

DOMINIQUE.

Pauvre femme!...

 A ce moment, la comtesse d'Auffreville, appuyée au bras de Jean,
 arrive de gauche et se dirige du côté du château à droite. —
 La comtesse est en noir, Jean a vingt ans — Carnot,
 Feulins et Monge qui ont écouté cette scène, remontent au
 fond et se mêlent à la foule suivis de Baptiste et de Théréson.

SCÈNE VIII

LES MÊMES, LA COMTESSE, JEAN, puis LE COMMISSAIRE
DES VENTES.

LA COMTESSE, tout en marchant.

Et moi, je te répète, mon Jean, que ce que tu me dis
là me paraît invraisemblable.

JEAN, même jeu.

Et moi je vous affirme, ma chère mère, que ce que je
vous raconte de Léona est absolument exact.

LA COMTESSE.

Ta sœur serait vindicative à ce point?

JEAN.

Le lévrier du père Gaspard avait mordu son épagneul,
il y a plus de trois ans!

LA COMTESSE.

Et elle l'a tué!

JEAN.

Ce matin même en revenant de la chasse! Oh! lorsqu'elle aura voué de la haine à quelqu'un... Léona sera
terrible! Elle est tenace, elle est violente comme son
père... et je plains sincèrement celui ou celle qui sera
l'objet de sa vengeance!

LA COMTESSE.

Pauvre enfant! Si le sentiment que tu lui prêtes est

réellement dans son cœur... que de tristesse.. que d'amertume pour elle dans l'avenir !.

Pendant ces dernières répliques, le commissaire des ventes est venu s'installer et a pris place au milieu du mobilier du père Martial.

LE COMMISSAIRE.

La vente est ouverte!... Y a-t-il un amateur pour cette commode ?

Il la désigne.

LA FOULE, scandalisée.

Oh!. oh!...

JEAN, remontant.

Quel mobilier vend-on donc, ici?...

DOMINIQUE.

C'est celui du père Martial, m'sieu Jean !

JEAN, à Martial.

On va vendre tes meubles?

MARTIAL.

Oui, m'sieu Jean !

JEAN.

Et par ordre de qui ?

MARTIAL.

Par ordre du comte d'Auffreville.. votre père !

JEAN.

Mon père! Vous vous trompez, Martial ! Ma mère était veuve lorsqu'elle devint la femme du comte d'Auffreville. Je ne suis pas son fils !

MARTIAL.

Cependant...

JEAN, fièrement.

Je m'appelle Jean Renaud!. Il n'y a rien de commun, entendez-vous bien, entre le comte d'Auffreville et moi! Mon père n'aurait pas été impitoyable envers de pauvres gens !...

LA COMTESSE, à son fils et le retenant.

Mon fils?...

JEAN, avec emportement.

Eh ! ma mère !... il faut pourtant bien que je dise ce

que j'ai sur le cœur! Le comte est aussi cruel qu'injuste!

Le comte d'Auffreville a paru à la porte du château pendant cette dernière réplique.

SCÈNE IX

LES MÊMES, LE COMTE, en costume de chasse et tenant un fouet à la main.

LE COMTE, à Jean.

Mes compliments, monsieur!

JEAN, à part.

Lui!

LE COMTE, à la comtesse.

Ainsi qu'à vous, madame... pour la façon dont vous avez appris à votre fils à me respecter!

LA COMTESSE.

Le respect, monsieur, ne s'est jamais imposé! Il n'existe que par le fait de celui qui l'inspire!

LE COMTE.

Ce qui signifie en bon français que je suis peu ou point respectable!...

LA COMTESSE.

Je regrette, monsieur, que le début de notre entretien ait pris cette allure... car mon fils et moi nous avions précisément une requête à vous adresser.

LE COMTE.

Laquelle, je vous prie?

LA COMTESSE, montrant Martial.

Nous désirons vous demander la grâce de ce pauvre brave homme qui est là et qui souffre!

LE COMTE, rudement.

Eh! que m'importe?

LA COMTESSE.

La vente de ses meubles a été ordonnée par excès de zèle de votre intendant, sans doute?

LE COMTE.

Vous vous trompez, madame.

LA COMTESSE.

Cette vente?

LE COMTE.

A été ordonnée par moi. Et j'ajoute même que je suis très surpris qu'on en ait autant différé l'exécution.

LA COMTESSE.

Réfléchissez, monsieur le comte, que cet homme est un vieillard !

LE COMTE.

Il me doit, il me paiera.

JEAN.

Que cet homme est un des plus honnêtes que l'on connaisse dans le pays !

LE COMTE.

Qu'il paie !

LA FOULE, formant rumeur.

Oh ! oh !

Carnot qui s'est rapproché écoute attentivement.

JEAN.

Puisqu'il n'a pas d'argent, vous ne voulez pourtant pas qu'il se fasse voleur pour se libérer envers vous ?

LE COMTE.

Alors je lui fais vendre ses meubles !

LA COMTESSE.

Mais ce vieillard est aimé et honoré à plus de dix lieues à la ronde !

JEAN.

Comme marin, on lui doit plus de vingt sauvetages !

LE COMTE.

Eh bien, que les gens qu'il a sauvés se cotisent... et il me rendra ce qu'il me doit !

JEAN.

Oh ! monsieur !

LA COMTESSE.

Voyons, ce n'est pas possible. Tenez, au nom de notre

fille... au nom de Léona qui vous aime avec passion et à qui vous ne savez rien refuser... je vous en prie, je vous en supplie... accordez-moi la grâce de ce pauvre brave homme qui est là et qui pleure !

LE COMTE.

Non, madame.

LA COMTESSE.

C'est votre dernier mot ?

LE COMTE, très nettement.

N'insistez pas !...

LA COMTESSE.

Nous nous retirons... mais avec l'espoir que ce que vous nous refusez, à nous, vous l'accorderez à Léona... (A son fils.) Viens, Jean, viens la chercher...

Ils sortent par la droite et entrent dans le château.

SCÈNE X

LES MÊMES, moins JEAN et LA COMTESSE.

LE COMTE, remontant.

Qu'on exécute mes ordres et que la vente continue !

DOMINIQUE.

Nous protestons !

BONIFACE.

Nous n'achèterons pas !

LES PAYSANS.

Non ! non !

LE COMTE.

Qu'est-ce à dire, manants ?

Il fait claquer son fouet.

MARTIAL, se levant.

Ah ! c'est trop d'humiliations à la fin !... (Montrant le comte.) Et puisque cet homme n'a ni entrailles ni cœur... je vais vous dire ici à tous pourquoi il me poursuit avec

tant d'acharnement et quel est le véritable motif de la
haine qu'il a contre moi!

LE COMTE, allant à lui.

Si tu ajoutes un mot, je te coupe le visage avec la la-
nière de mon fouet!

LES PAYSANS, s'interposant.

Parlez, parlez... nous vous protègerons!

LA FOULE.

Oui, oui, oui!

LE COMTE, au commissaire des ventes.

Qu'on aille chercher les exempts et que l'on me balaie
toute cette canaille!

Le commissaire disparaît par la gauche. — Sur la fin de cette
scène, Carnot, Monge, Carnot-Feulins se sont rapprochés du
comte. Théréson, Canivet et Baptiste se tiennent à l'écart.

SCÈNE XI

LES MÊMES, CARNOT, MONGE, CARNOT-FEULINS, THÉRÉSON et BAPTISTE.

MARTIAL, montrant le comte.

Vous voyez bien tous cet homme, n'est-ce pas? Eh bien,
il a voulu me prendre ma fille! Et s'il a juré de me perdre, c'est parce que je n'ai pas voulu me prêter à son infamie!

LE COMTE, se précipite sur Martial et lève son fouet.

Misérable!...

CARNOT, qui s'est avancé, lui arrêtant le bras.

Tout à l'heure, monsieur... vous avez déjà été violent...
et c'est assez d'une fois, il me semble?

LE COMTE, reculant.

Qui êtes-vous donc pour oser me parler ainsi?

CARNOT.

Je me nomme Carnot, monsieur, je suis soldat... et

j'arrive à temps, j'espère, pour vous éviter de commettre une mauvaise action?

LE COMTE.

Vous n'êtes qu'un impertinent... et je n'ai que faire de vos leçons!... (S'avançant.) Retirez-vous et laissez-moi faire justice!

CARNOT, s'interposant.

Moi, présent, vous ne toucherez pas à ce vieillard!

LE COMTE, s'avançant.

Cet homme est mon vassal... Il est sur mes terres... Il m'appartient!

CARNOT.

Cet homme est français... il est mon égal, et je le défends.

LE COMTE.

En vérité!

CARNOT.

Je le défends, parce qu'il est faible... et que vous êtes fort!

LE COMTE.

Il me doit des redevances... et se refuse à les payer.

CARNOT, avec éclat.

Des redevances! (Se retournant du côté de Monge et de son frère.) Vous l'entendez, mes amis! (Montrant le comte.) Le voilà ce seigneur despote et arrogant pour qui le peuple n'est rien qu'une bête de somme bonne à produire et à payer l'impôt! Ils sont cent mille comme lui chez nous.. qui reconnaissent que les embarras du Trésor sont immenses... qui ne veulent rien faire pour en sortir... mais qui, lorsque le paysan leur doit quelque argent, exigent qu'il paie, ou ils lui meurtrissent les chairs à coups de fouet! (Droit devant le comte.) Eh bien, moi, je vous dis, monsieur, qu'il n'y aura ni justice, ni égalité, tant que pour remplir les coffres de l'État, il faudra que l'un abandonne le quart de sa subsistance... tandis que l'autre en sera quitte pour un laquais ou une maîtresse de moins!...

LES PAYSANS.

Oui! oui!

LE COMTE, ironique.

Enfin, monsieur... je ne suppose pas que vous ayez quitté Béthune spécialement, pour venir devant mes vassaux me donner une leçon !

CARNOT, même ton.

Ne m'y forcez pas !...

LE COMTE, rudement.

Expliquez-vous !... car la patience a des bornes... il faut en finir ! Que prétendez-vous ?

CARNOT.

Je veux que vous fassiez grâce à ce vieillard !

LE COMTE, soulignant.

Vous voulez ? Vous ?...

CARNOT.

Moi !

LE COMTE, remontant.

Vous êtes fou, monsieur. Et vous ne valez même pas la peine que l'on vous réponde.

CARNOT, après un silence, s'adressant à Martial.

Mon brave... tu peux reprendre tes meubles... C'est moi qui les achète... et c'est moi qui te les rends.

LE COMTE, élevant la voix et redescendant.

Vous dites ?

CARNOT.

Je dis que vous n'avez plus rien à faire ici, car vous êtes payé !

Il lui jette une bourse qui va rouler à ses pieds.

LE COMTE, hors de lui.

Vive Dieu !... Voilà une insolence que vous paieriez cher si j'avais mon épée !

CARNOT, tirant son épée.

Prenez donc la mienne... monsieur ! (Il la lui donne. — A Feulins.) Ton épée ?...

Il prend l'épée de Feulins.

LE COMTE, hors de lui et se mettant en garde.

Il me faut un exemple et je ne vous épargnerai pas !...

CARNOT, très calme.

Ni moi, monsieur!...

LE COMTE.

A nous deux, nous représentons les idées du siècle...
Vous, les nouvelles... moi, les anciennes... et il faudra
bien que celles-ci tuent celles-là!...

CARNOT.

Je ne crois pas, monsieur!...

> Carnot porte un coup droit au comte qui tombe à la renverse en
> poussant un cri.

LE COMTE.

Ah!...

SCÈNE XII

**Les Mêmes, Le Chef des Exempts, suivi de Ses
Hommes, LA COMTESSE, JEAN et LÉONA.**

> Au moment où le duel se termine, les exempts arrivent par le
> fond à gauche, pendant que la comtesse, Jean et Léona appa-
> raissent à la porte du château.

LÉONA, poussant un cri en voyant tomber son père.

Mon père!... (Se jetant sur son corps et voulant lui fermer sa
blessure.) Ah! mon père, c'est moi Léona, votre fille...
Regardez-moi... (L'appelant.) Mon père! (Le comte retombe
inanimé.) Mort!... Ils l'ont tué... Ah! les maudits!...

> Elle le couvre de son corps, mais sans verser une larme, — La
> comtesse, debout, s'appuie sur l'épaule de Jean et se cache
> le visage.

LE CHEF DES EXEMPTS, à Carnot.

Au nom du roi... capitaine Carnot... je vous arrête!

LÉONA, se relevant comme une lionne et à elle-même.

Carnot!... voilà un nom dont je me souviendrai!

ACTE DEUXIÈME

DEUXIÈME TABLEAU

LE 21 SEPTEMBRE 1792.

Le cabinet de Carnot. Petit décor très simple. — Large baie au fond.
Porte à gauche. — Fenêtre et porte à droite. — Bureau à gauche, premier plan surchargé de dossiers et de paperasses.

———

SCÈNE PREMIÈRE

CANIVET, BAPTISTE.

Au lever du rideau, Baptiste grimpé en haut d'une échelle double est en train de poser des grands rideaux à la fenêtre de droite.

CANIVET, entrant du fond.

Bonjour, Baptiste!

BAPTISTE, du haut de l'échelle et le reconnaissant.

Canivet? ah! par exemple! Toi, ici?... Comment se fait-il?

Il descend de l'échelle et va serrer la main de Canivet.

CANIVET.

Je n'ai pas voulu passer dans la rue, sans venir te dire un petit bonjour!

BAPTISTE.

Tu es donc à Paris?

CANIVET.

Depuis une semaine.

BAPTISTE.

Et Théréson?

CANIVET.

Nous sommes mariés depuis trois ans!...

BAPTISTE.

Marié! T'en as bien l'air!

CANIVET.

Et nous sommes établis.

BAPTISTE.

Où cela?

CANIVET.

Dans le quartier des Halles! Nous vendons des oiseaux!

BAPTISTE.

Alors, il doit y avoir des prises de bec... de temps en
temps?

CANIVET.

Avec qui?

BAPTISTE.

Avec ta femme!

CANIVET.

Pas trop... grâce à mon ami Horace!...

BAPTISTE.

Qui ça... Horace?

CANIVET.

Un voisin... un officieux de bonne maison... qui m'aime... qui aime ma femme... et qui est comme qui dirait
le trait d'union de notre ménage!... Tu verras... je te le
présenterai!

BAPTISTE, riant.

Ah! c'est lui qui...

CANIVET même jeu.

C'est lui qui nous raccommode quand nous nous disputons... Ah ça!... et toi, depuis que tu as quitté le *Panier fleuri ?...*

BAPTISTE.

Oh ! moi, depuis que j'ai quitté Lillers où j'étais en service avec ta femme... je suis entré en place ici chez le citoyen Carnot... Il y a un an... un peu après... son mariage... et je n'en ai plus bougé !

CANIVET.

Tu es heureux ?...

BAPTISTE.

Comme un coq en plâtre ! Ils sont si bons ! Ce sont de si braves gens !

CANIVET.

Tiens, tu dis du bien de tes maîtres... toi ?

BAPTISTE.

Ça t'étonne ?

CANIVET.

Normément ! Et si tu veux, Baptiste, je t'offre une place dans mes volières ?...

BAPTISTE.

Parce que ?

CANIVET.

Mais parce que tu es un oiseau rare.

Ils rient tous les deux.

SCÈNE II

LES MÊMES, PITOIS.

PITOIS, du fond.

Le citoyen Carnot, s'il vous plaît ?

CANIVET, à part.

Qu'est-ce que c'est que celui-là ?...

BAPTISTE, à Canivet.

Par où qu'il est entré ?

2

CANIVET.

J'aurai laissé la porte ouverte !...

BAPTISTE, à Pitois.

Que demandez-vous, brave homme ?...

PITOIS.

Je m'appelle Pitois... je suis un bon patriote... et il faut que je parle absolument aujourd'hui même au citoyen représentant.

BAPTISTE.

Vous ne pourrez le voir que lorsqu'il rentrera de la Convention ! Fort tard, peut-être, car c'est aujourd'hui la première séance... vous le savez !...

CANIVET.

Qué que vous lui voulez ?

PITOIS.

Ce que j'ai à y dire ne peut pas se dire devant tout le monde !

CANIVET.

Vous êtes un cachottier !

PITOIS.

Non, je suis maquignon... je viens pour des chevaux !

BAPTISTE.

Eh bien, mon cher ami... il faudra revenir dans une heure... le citoyen représentant ne sera pas visible avant !...

PITOIS.

Bon !... Seulement s'il y a du monde... faudra me faire passer le premier, pas vrai ?...

BAPTISTE.

Si c'est possible !...

PITOIS, tirant un écu.

C'est toujours possible... surtout entre gens intelligents !... (lui donnant la pièce.) — Tiens, prends ça pour toi, mon garçon... c'est un écu !... Aussitôt que le citoyen Carnot rentrera tu me feras signe par la fenêtre et je monterai ! Au revoir, mon garçon, au revoir !

Il sort par le fond.

SCÈNE III

LES MÊMES, puis BLANCHE.

CANIVET.

En voilà un qui ne se gêne pas !

BAPTISTE.

Il ne se gêne pas... et il ne doit pas être gêné !

CANIVET.

J'crois bien... pour semer ses écus comme ça...

BAPTISTE.

Qui ça peut être ?...

CANIVET.

C'est un maquignon... il l'a dit !...

BAPTISTE, faisant sauter son écu.

Un maquignon... Alors... je ne m'étonne plus qu'il soit à cheval... sur les bons principes... Mazette !...

BLANCHE, au dehors.

Baptiste !..

BAPTISTE.

Ah !... voici mademoiselle !...

BLANCHE, entrant de gauche.

Dites-moi, Baptiste !...

BAPTISTE.

Mademoiselle ?...

BLANCHE.

Aussitôt que mon parrain sera rentré de la Convention, vous irez à l'imprimerie chercher les épreuves qu'il m'avait chargée de faire prendre, ce matin. J'ai tout à fait oublié !...

BAPTISTE.

De quoi s'agit-il ?...

BLANCHE.

De son dernier ouvrage. C'est intitulé ; *Essai sur les machines*. N'oubliez pas à votre tour ?...

Elle sort.

SCÈNE IV

LES MÊMES, moins BLANCHE.

CANIVET.

Très gentille, la demoiselle !... qui est-ce ?...

BAPTISTE.

Mademoiselle Blanche !... un amour de petite colombe, qui arrive de Nolay en Bourgogne...

CANIVET.

Une payse à m'sieur Carnot ?...

BAPTISTE.

Sa filleule... elle est orpheline et il l'a recueillie...

CANIVET.

Pauvre mignonne !... et il l'aime ?...

BAPTISTE.

Comme un père !... Dis donc, si tu veux nous continuerons à bavarder pendant que tu m'aideras à poser les rideaux...

Il commence à monter à l'échelle.

CANIVET, tout en montant.

Ça me va !... nous parlerons du pays !...

BAPTISTE.

Passe-moi la tringle.

CANIVET.

Oùs qu'elle est ?...

BAPTISTE.

Elle est en bas !...

CANIVET, en redescendant.

Tu me dis ça... quand je suis en haut ? (Il la prend et remonte.) Dis donc, Baptiste ?...

BAPTISTE.

Quoi ?...

CANIVET, lui donnant la triangle.

Pendant que je suis ici, il faut que tu me donnes un renseignement...

BAPTISTE.

Lequel ?

CANIVET.

Est-ce que tu sais au juste ce qui est arrivé au capitaine Carnot après son fameux duel de Lillers ?... il y a sept ans !

BAPTISTE.

Oui, on l'a fourré en prison !...

CANIVET.

A Béthune... je sais... mais après ?...

BAPTISTE.

Après... le peuple pour l'indemniser de sa captivité, à sa sortie de prison, l'a envoyé siéger comme député à l'Assemblée législative !

CANIVET.

Ah ça !... c'était bien ! D'autant qu'on m'a dit que son emprisonnement avait été injuste et que cela n'avait été qu'un prétexte parce que le capitaine Carnot était en opposition d'idées avec tous ses chefs *vieillards chics.*

BAPTISTE.

Tu dis ?...

CANIVET.

Je dis *vieillards chics* !

BAPTISTE, le reprenant.

Hiérarchiques. (Il rit.) Est-il bête !...

CANIVET.

Papa disait toujours : vieillards chics !...

BAPTISTE.

Enfin, je continue. Bientôt la largeur des idées du capitaine Carnot le mit en relief parmi ses collègues ; il devint commissaire du gouvernement et on l'envoya en mission à Strasbourg avec les citoyens Coustard et Prieur...

CANIVET.

Pourquoi faire ?

2.

BAPTISTE.

Pour réprimer la réaction des officiers royalistes qui se refusaient à reconnaître la volonté nationale !... Il rétablit l'ordre... Il organisa la défense du Rhin... enfin... ce fut son premier grand succès !... Là... v'là le rideau posé !

CANIVET, descendant l'échelle.

Quel homme !

BAPTISTE.

Descendant également l'échelle.

C'est un grand patriote !... Prends garde, je ferme l'échelle !

Il la ferme brusquement.

CANIVET, poussant un cri.

Oh !

BAPTISTE.

Qu'est-ce que tu as ?

CANIVET, qui est en pâmoison.

Tu m'as pris le doigt dedans ! Tu m'as fait un pinçon ! Tiens, regarde !...

Il lui montre son doigt.

BAPTISTE.

Le fait est que comme pinçon, il est assez réussi... et je suis sûr que tu n'en as pas un pareil dans tes cages !... (Il rit. — On entend sonner sept heures.) Sept heures !... Diable !... Le citoyen Carnot ne va pas tarder à rentrer... prends l'échelle et va-t'en avec ton doigt !... tu le feras tremper dans l'eau froide en m'attendant à l'office !... (Il le pousse vers la porte de droite.) Va !...

CANIVET, qui a pris l'échelle et tout en s'en allant.

J'aimerais mieux une autre sorte de trempette !... un petit biscuit dans un peu de muscat, par exemple !... oh !... là là là !...

BAPTISTE.

Je te donnerai un verre de vieille, si tu veux !... va !..! Je te rejoins dans un instant !...

Canivet sort à droite en emportant l'échelle. On entend le roulement d'une voiture.

SCÉNE V

BAPTISTE, MADAME CARNOT, BLANCHE.

MADAME CARNOT, entrant suivie de Blanche, par la gauche.

Baptiste... allez au-devant de votre maître !... Le voici qui rentre !...

BAPTISTE, sortant par le fond.

J'y cours... madame !...

MADAME CARNOT, à la fenêtre de droite.

Carnot descend de voiture et paraît être dans un état de surexcitation inaccoutumée !...

BLANCHE, même jeu.

Il est tout agité !...

MADAME CARNOT.

Il doit s'être passé quelque chose d'extraordinaire à la Convention !...

SCÉNE VI

LES MÊMES, CARNOT et CARNOT-FEULINS.

CARNOT, très agité entrant du fond, et appuyé sur l'épaule de son frère, avec transport.

Ah !... mon frère !... mon frère !... Quelle joie !... Quel triomphe !... (Allant à Blanche et l'embrassant.) Oh !... Blanche !... (Même jeu à sa femme.) Oh ! ma femme !... ma chère femme !... L'égalité, l'égalité !... Mon rêve est enfin accompli !... (S'asseyant à gauche, devant son bureau.) Les hommes sont désormais égaux par la nature et devant la loi !...

BLANCHE.

Qu'est-il donc arrivé ?...

MADAME CARNOT.

Qu'y a-t-il?...

CARNOT, se redressant.

Aujourd'hui 21 septembre 1792, la Convention vient de décréter que la royauté est abolie en France !... Elle annonce son existence au monde par un coup de foudre qui brise une monarchie de quatorze cents ans !

MADAME CARNOT.

Que dites-vous là ?

CARNOT.

La République est proclamée.

MADAME CARNOT.

La République ?...

CARNOT.

Elle vient de surgir aux acclamations de plus de vingt-cinq millions de Français !...

MADAME CARNOT.

Mais le renversement du roi, c'est la guerre avec toute l'Europe !

CARNOT.

Eh bien, soit ! Si l'on nous attaque. nous nous défendrons ! La France deviendra un arsenal immense... un vaste camp ! Nous ferons une guerre de masses ! Nous créerons des armées !...

FEULINS.

Le canon que nous ferons entendre ne sera pas le canon d'alarmes !...

CARNOT.

C'est celui qui annoncera le pas de charge du peuple français !...

FEULINS.

Nous nous battrons !...

CARNOT, lui prenant la main.

Et nous triompherons... mon frère !.., (Allant à madame Carnot.) Maintenant... femme... laisse-moi. La Convention a nommé une commission de trois membres qui, sans perdre une heure, doivent aller aux Pyrénées pour créer

l'organisation militaire... j'en fais partie!... Or ayant
d'fférents ordres à donner avant mon départ... je te demande quelques instants de liberté. (Après avoir embrassé
Blanche et madame Carnot.) J'irai vous rejoindre tout à l'heure.
A bientôt!...

Blanche, Feulins et madame Carnot disparaissent par la gauche.

SCÈNE VII

CARNOT, seul puis BAPTISTE.

CARNOT, s'asseyant devant son bureau.

Ah! les alliés ne veulent pas de la République et nous
menacent de la guerre! Eh bien, ils l'auront!... Nos ennemis sont puissants! Ils ont le nombre et l'expérience...
nous aurons, nous, l'élan et le vrai patriotisme!... (Après
un temps.) Oui, mais pour être sûr de la victoire il est urgent d'assurer les subsistances de nos armées!... Nous
sommes sans ressources, nous n'avons pas d'argent... et
les fournitures de l'Etat sont faites à des prix exorbitants!...
Il faudra mettre ordre à tout cela si nous voulons triompher!

BAPTISTE, entrant.

Il y a là un citoyen qui demande à être introduit!...

CARNOT.

Qui est-ce?...

BAPTISTE.

Un fournisseur!...

CARNOT, à lui-même.

En voilà un qui arrive bien. (A Baptiste.) Qu'il entre!...

SCÈNE VIII

CARNOT, PITOIS, puis BAPTISTE.

PITOIS, entrant.

Citoyen représentant, je vous salue.

CARNOT, tout en écrivant et sans se déranger.

Parlez, je vous écoute!

PITOIS.

Eh bien,. v'là c' que c'est! Je m'appelle Pitois!... Dans la famille nous sommes tous maquignons de père en fils!... Je suis bon patriote et j'ai obtenu une fourniture de chevaux assez importante... destinés à remonter l'artillerie.

CARNOT.

Après!... Que voulez-vous?...

PITOIS.

C' matin j'ai livré mes bêtes... Et comme on n' doit me payer que lorsqu'on aura constaté qu'elles sont en bon état... j'ai pensé comme ça qu'il serait peut-être préjudiciable pour moi qu'on examine les bêtes de trop près... qu'on scrute le marché, comme on dit... En un mot, citoyen représentant... ce que j'aurais voulu... c'est que...

CARNOT.

C'est que...

PITOIS.

Eh ben!... c'est que... vous qui êtes bien dans le gouvernement nouveau, vous me recommandiez un brin auprès de la commission chargée d'examiner les marchés!

CARNOT.

Je n'ai pas à intervenir si les conditions exigées sont fidèlement remplies!

PITOIS, très rusé.

Elles sont remplies... et puis elles ne sont pas remplies.

CARNOT, se retournant.

Ah! ah!

PITOIS.

Vous comprenez bien, voyons!... Seulement il y a toujours moyen de s'entendre entre honnêtes gens!... (Il tire un portefeuille de sa poche.) Je m'appelle Pitois, moi... je suis un bon patriote!

CARNOT, qui s'énerve.

Arrivez au fait !

PITOIS.

Alors, j'ai pensé qu'avec le petit portefeuille que v'là...
et avec ce qu'il y a dedans surtout... il y aurait peut-
être ben possibilité d'arriver à une solution avantageuse
pour moi... (Poussant le portefeuille sur le bureau.) et pour
vous ?...

CARNOT, se levant.

Vous dites?

PITOIS.

Il y a là-dedans vingt-cinq mille francs! C'est des épingles !...

CARNOT.

Des épingles!

PITOIS.

Enfin, une petite politesse...

CARNOT.

Pour moi?

PITOIS.

Pour vous !

CARNOT, se maîtrisant et jouant avec le portefeuille d'un air ironique.

Mes compliments... vous faites les choses avec une gé-
nérosité... (Se rapprochant.) Mais dites-moi... pour que vous
puissiez, comme aujourd'hui, prélever d'avance vingt-
cinq mille francs sur vos bénéfices, il faut que vous ayez
fait une bien bonne opération!

PITOIS.

L'opération sera excellente, surtout si le citoyen représentant qui a une grande influence dans les affaires de la
guerre... veut bien m'aider à ne pas faire languir les
paiements!...

CARNOT, s'asseyant à son bureau.

Comment vous appelez-vous?

PITOIS.

Je m'appelle Pitois... je suis un bon patriote.

Carnot écrit.

CARNOT.

Où demeurez-vous?...

PITOIS.

A Mézidon... près de Caen.

CARNOT, après avoir écrit, frappe sur un timbre, Baptiste paraît.

Qu'on jette cet homme à la porte! C'est un misérable... c'est un vil coquin!

PITOIS.

Mais...

CARNOT, lui jetant son portefeuille à la face.

Reprends ton argent, bandit!... Tu as trompé l'Etat, tu passeras en conseil de guerre... tu seras fusillé!

Baptiste entraîne Pitois qui sort en protestant.

SCÈNE IX

CARNOT, seul et se rasseyant, puis BAPTISTE.

Ainsi, voilà ce qui se passe!... Voilà ce qui se fait!... Au moment où la France court des périls tels qu'aucune génération d'hommes n'en a peut-être jamais vu... un français vient m'offrir un marché monstrueux... et ose encore spéculer sur les misères de son pays!... (Avec force et se levant.) Ah! les infâmes! les infâmes!... Je saurai les atteindre à quelque rang qu'ils appartiennent! (Des clameurs formidables retentissent au dehors.) Quel est ce bruit?...

BAPTISTE, entrant précipitamment.

A l'aide, au secours!...

SCÈNE X

LES MÊMES, BLANCHE, FEULINS, MADAME CARNOT.

MADAME CARNOT, entrant précipitamment de gauche.

Pourquoi ces cris?

BLANCHE, qui a couru à la fenêtre de droite.

On dirait une émeute!

BAPTISTE.

Deux femmes ont été reconnues dans la rue pour être des aristocrates... elles ont fui devant les menaces dont elles étaient l'objet et viennent de se réfugier dans notre maison.

CARNOT.

Tu as fermé les portes?

BAPTISTE.

Oui!...

CARNOT.

Fais-les venir!...

SCÈNE XI

LES MÊMES, MADAME D'AUFFREVILLE, JEAN et LÉONA.

Madame d'Auffreville toute pâle et toute défaite entre soutenue par Léona. — Blanche et madame Carnot sont allées au-devant d'elle et l'ont fait asseoir dans un grand fauteuil. — Baptiste sort.

CARNOT, à Feulins.

Ah!

FEULINS.

Quoi!...

CARNOT.

Regarde!

FEULINS, qui la reconnaît.

Madame d'Auffreville! (Désignant Léona.) Sa fille sans doute!

CARNOT, avec tristesse.

Pauvres gens!...

MADAME D'AUFFREVILLE, revenant à elle.

Où suis-je?...

MADAME CARNOT.

Sous un toit hospitalier, où vous n'avez plus rien à craindre, madame.

3

BLANCHE.

Vous êtes chez des amis qui sauront vous défendre et vous protéger.

CARNOT.

Vous pouvez compter sur nous.

LÉONA, qui vient de reconnaître Carnot.

Ma mère !

MADAME D'AUFFREVILLE.

Mon enfant ?...

LÉONA.

Le nom que vous portez vous défend de rester ici plus longtemps... partons !...

On entend le peuple qui crie dans la rue : A mort les aristocrates ! — Des coups sont frappés à la porte.

MADAME D'AUFFREVILLE.

Partir, mais, c'est impossible !... Tu n'entends donc pas tous ces cris de mort ?...

LÉONA.

Je ne veux rien devoir à cet homme !...

MADAME D'AUFFREVILLE.

Chez qui sommes-nous donc ?...

LÉONA, montrant Carnot.

Vous êtes chez Carnot !... Chez le meurtrier de mon père !...

Carnot réprime un mouvement d'indignation. Madame d'Auffreville s'est levée subitement.

CARNOT, après un instant.

Vous êtes ici, madame, chez un honnête homme.

MADAME D'AUFFREVILLE.

Je vous crois, monsieur !

CARNOT.

Il y a sept ans, j'ai pris fait et cause pour un malheureux et j'ai dû, malgré moi, faire justice !...

LÉONA.

Vous n'aviez pas à être juge des actes de mon père.

CARNOT.

J'avais devant moi la faiblesse à protéger contre la

force... j'ai fait mon devoir comme je suis encore prêt à le faire en ce moment.

LÉONA.

Je vous hais... et je ferai tout pour vous perdre!...

CARNOT.

Je vous plains et je vais tout faire pour vous sauver!

On entend les cris qui redoublent et la porte d'en bas qui cède sous les coups.

SCÈNE XII

LES MÊMES, BAPTISTE.

BAPTISTE, entrant.

Alerte!... Les sans-culottes et les tricoteuses armés de sabres et de piques ont enfoncé les portes et envahissent l'escalier.

MADAME D'AUFFREVILLE.

Nous sommes perdus!...

CARNOT.

Ne craignez rien, madame, je réponds de vous sur ma tête!...

Cris et envahissement de la scène par le peuple.

SCÈNE XIII

LES MÊMES, PREMIER et DEUXIÈME SANS-CULOTTE, HOMMES et FEMMES DU PEUPLE.

Plusieurs sont armés de piques, de sabres et de fusils. — Ils sont entrés du fond et ont envahi la scène en criant.

A mort les aristocrates! A mort!

CARNOT, allant au-devant d'eux.

Que voulez-vous?

PREMIER SANS-CULOTTE, avec sabre en main,

Nous voulons qu'on nous livre les ci-devant que tu as recueillis chez toi !

CARNOT.

D'abord, sais-tu chez qui tu es ?...

PREMIER SANS-CULOTTE.

Qui es-tu ?

CARNOT.

Carnot !

DEUXIÈME SANS-CULOTTE.

Le conventionnel ?...

Mouvement dans le peuple.

CARNOT, aux sans-culottes.

Vous ne me suspecterez pas, j'imagine... de cacher chez moi nos ennemis communs !... Que reprochez-vous à ces gens ?

PREMIER SANS-CULOTTE.

Ce sont des aristocrates qui conspirent contre la Nation... et qui méritent la mort ! Ce sont des traîtres !...

TOUS.

Oui !... oui !...

CARNOT.

Ce sont mes hôtes !... Ce sont des femmes, vous les respecterez ! (Rumeurs.) Oui, vous les respecterez... parce qu'à partir d'aujourd'hui vous êtes tous les enfants de la République... que vous devez être justes... et que vous seriez honteux de tremper vos mains dans le sang des innocents ! Rappelez-vous les ignobles massacres de l'Abbaye et du Châtelet !... Les journées de Septembre sont une honte et une infamie !

PREMIER SANS-CULOTTE, son sabre à la main, s'avançant plus menaçant.

Pas de pitié pour les ennemis de la République !

CARNOT, allant à lui.

Si voulez faire la République puissante et forte... soyez grands, soyez généreux, soyez tolérants !... Aimez la Liberté non pas pour vous seuls... mais surtout pour les autres.

PREMIER SANS-CULOTTE, marchant sur Léona et madame
d'Auffreville.

Non! A mort, les aristocrates... à mort!

CARNOT, le désarmant.

Brute! C'est par de telles violences que l'on déshonore
un parti! (Il jette son sabre à terre.) Cherchons à convain-
cre... ne cherchons pas à tuer!... Notre sang ne doit cou-
ler que pour protéger nos frontières!... (S'adressant à tous
les sans-culottes.) Courez vous enrôler! Prouvez au monde
ce qu'est l'honneur d'un peuple libre!... Battez-vous contre l'étranger!... Soyez des gens de cœur, soyez des soldats!...

TOUS.

Oui!... oui!...

DEUXIÈME SANS-CULOTTE.

Eh bien!... oui!... citoyen Carnot!.. tu as bien fait de
protéger ces deux femmes!... Nous ne serons pas des
égorgeurs!...

CARNOT, lui mettant la main sur l'épaule.

Vous serez des héros!...

TOUS.

Vive Carnot!... Vive le conventionnel!...

Ils sortent précipitamment par le fond.

SCÈNE XIV

LES MÊMES, moins LE PEUPLE.

MADAME D'AUFFREVILLE, allant à Carnot.

Vous nous avez sauvé la vie, monsieur, nous nous en
souviendrons toujours. (Allant à Léona.) Il faut oublier,
Léona?...

LÉONA, comme à elle-même.

Jamais!...

Tableau. — Rideau.

TROISIÈME TABLEAU

1792

LÉ FRÈRE ET LA SŒUR

Un petit décor. — Porte au fond. — Porte à droite. — Porte à gauche. — Tables, chaises, fauteuils, etc. — De grands rideaux ferment la porte du fond.

SCÈNE PREMIÈRE

LÉONA, UN INCONNU.

Au lever du rideau, Léona est assise devant une table au milieu de la scène. — L'inconnu debout se tient à ses côtés.

LÉONA.
Vous êtes l'envoyé du général Dumouriez?

L'INCONNU.
En voici la preuve écrite de sa main!...

Il tend une lettre.

LÉONA, après avoir jeté un coup d'œil.
Bien! Ainsi vous avez reçu à temps mes communications relatives aux cinq commissaires de la Convention?...

L'INCONNU.
Lesquels étaient chargés d'aller dans le Nord pour surveiller nos soi-disants projets criminels! Oui!...

LÉONA.
Votre général est bien décidé à faire ce que vous dites?

L'INCONNU.

Aussitôt que les cinq commissaires arriveront au camp, le général Dumouriez les livrera tous aux Autrichiens !

LÉONA, avec joie.

Et Carnot sera du nombre !... (A l'inconnu.) Il faut qu'il les fusille !

L'INCONNU.

Il préfère laisser cette besogne aux Autrichiens !...

LÉONA.

Il hésite, en un mot ! (Avec emportement.) Ah! si je pouvais lui donner un peu de cette haine qui est en moi et qui me ronge le cœur... Que peut-il craindre au milieu d'une armée tout entière qui lui est dévouée !... Il faut qu'il frappe un grand coup !

L'INCONNU.

S'emparer de Carnot est déjà d'une réelle importance.

LÉONA.

Certes... car l'influence de Carnot est devenue de plus en plus considérable à la Convention !

L'INCONNU.

Sa chute n'en sera que plus terrible...

LÉONA.

Sa mission sur le Rhin a fait connaître son énergie et la justesse de son coup d'œil... celle dans les Pyrénées a mis en relief ses qualités d'organisateur... Dans l'intérêt de la cause royaliste, il est urgent de se défaire d'un tel homme ! (Un temps.) Et que compte faire le général maintenant que le voilà débarrassé de cette surveillance indiscrète ?

L'INCONNU.

Il a la plus grande hâte d'en finir !... Il doit se mettre prochainement à la tête de son armée et marcher en ligne droite sur Paris pour disperser les représentants de la Nation !

LÉONA.

Eh, qu'il fasse un coup d'État !

L'INCONNU.

Il le fera !... Et la République en sortira étranglée !

LÉONA.

Vous direz au général Dumouriez, que comme toujours,
il peut compter sur mon dévoûment le plus absolu!... A
bientôt!...

L'INCONNU.

A bientôt!...

Il sort par le fond.

SCÈNE II

LÉONA, puis HORACE.

LÉONA, un instant seule.

Ainsi Carnot est prisonnier des Autrichiens!... Ah! que
je voudrais le voir dans sa honteuse défaite... ce misérable qui m'a privée pour toujours des caresses de celui
que j'aimais le plus au monde... mon père!... Tu prétends
avoir tué et avoir fait justice... bourreau!... Eh bien!...
moi... je t'ai livré... je t'ai vendu... Et ce sont les balles
étrangères qui vont enfin me venger de ton infamie!...

Elle frappe sur un timbre, Horace paraît à droite.

HORACE.

Mademoiselle a sonné?...

LÉONA.

Ma mère et mon frère sont-ils rentrés?...

HORACE.

Non, mademoiselle.

LÉONA.

Savez-vous où ils sont allés?...

HORACE.

M. Jean est dans la famille Carnot!

LÉONA, à part, et d'un ton de colère contenue.

Chez Carnot!... (Un temps.) Vous me préviendrez aussitôt que l'un des deux rentrera!...

Elle sort par la gauche.

SCÈNE III

HORACE, puis THÉRÉSON.

HORACE, un instant seul.

Tiens! Elle a l'air presque aimable aujourd'hui... mademoiselle Léona!... Alors c'est que nous allons apprendre que nous avons reçu une bonne volée des Autrichiens!... J'ai toujours remarqué ça... toutes les fois qu'elle sourit... v'lan... Ça y est... nous sommes rossés! (Tout en époussetant.) Ah! en voilà une qui n'est pas patriote!... Cristi! c'est pas comme Théréson! Théréson, elle, depuis qu'on fait la guerre... elle a remplacé tous ses bagasse et ses troun de l'air... par des jurons agrémentés de cartouches, de bombes... que c'en est un vrai bouquet... de feu d'artifice! C'est plus une femme... c'est un grenadier!... (Après un temps.) C'est égal. Théréson n'aime pas assez Canivet et a trop d'enthousiasme pour moi! Elle m'accapare, elle me bloque! Il faudra que j'enraie ça!... Je ne vois qu'un moyen... m'éloigner pour couper court à ses déclarations! j'y réfléchirai!...

THÉRÉSON, entrant du fond. — Elle tient à la main un petit carton-affiche.

Té!... Bonjour, mon petit Horace! Vous êtes seul?

HORACE.

Ma foi... quand on parle du soleil...

THÉRÉSON.

Je sors de chez notre écrivain qui fait toutes nos étiquettes... et en passant je suis venue prendre des nouvelles de votre chère santé!... (Elle pose son écriteau sur la table.) Ça va bien?

HORACE.

J'étais justement en train de songer à vous!

THÉRÉSON.

Té! c'est gentil ça... mille bombes!

Elle l'embrasse.

3.

HORACE.

Oui, je me disais que depuis quelque temps vous jurez réellement un peu trop !

THÉRÉSON.

Bah, vraiment !... Tu t'en plains ! mon pitchoum... Surtout quand je jure... de t'aimer toujours !...

Elle rit et l'embrasse de nouveau.

HORACE.

Oui, je sais... quand je vous fais des reproches... Vous vous en sortez toujours par une plaisanterie !... Mais... moi... si j'étais votre mari...

THÉRÉSON.

Pécaire !... Tu ne vas pas me parler de ce singe... quand je suis là auprès de toi... Hein !

HORACE.

Votre mari est trop bon, trop doux.. trop conciliant... et si j'étais à sa place...

THÉRÉSON.

A sa place. Eh, di gué li qué vingue !...

HORACE.

Je ne supporterais pas l'incandescence de votre caractère !...

THÉRÉSON.

Eh bien, mais va donc le lui dire... il ne manque plus que ça... mille cartouches !

HORACE.

Cet homme-là me désespère !... Plus je le fuis, plus il se cramponne à moi ! Plus vous m'aimez, plus il m'adore !... Cette situation aussi équivoque que fallacieuse me pèse... et...

THÉRÉSON.

Té !... Et vous voulez m'empêcher de vous aimer !

HORACE.

Je n'ai pas dit ça... Seulement ce que je voudrais c'est un peu plus de calme de votre part ?... Pourquoi m'aimez-vous avec cette passion... dont on ne retrouve d'exemples que dans les antiquités les plus reculées ?... Quelle différence y a-t-il donc entre Canivet et moi ?...

THÉRÉSON.

Il le demande!... Lui est gros et toi tu es mignon... mignon!... Canivet a un bedon qui lui donne des airs de boule de buis et toi tu es fluet et bien proportionné, il est blond, tu es brun... il est froidasse... tu es un volcan... Enfin, mon mari comme caractère est un jujube... une pâte de guimauve... tandis que toi tu es...

HORACE.

Violent, rageur et emporté!...

THÉRÉSON.

Oui! Et quand tu t'emportes tu me produis l'effet d'un verre de champagne dont le pétillement m'exalte... me grise... et me cause toutes sortes d'enivrements agréables!... (Avec passion.) Ah! tiens, mon Horace chéri, je ne serai réellement dans la béatitude que le jour où je me trouverai légalement unie à toi pour la vie!...

HORACE.

Pour la vie!... Comment ça?...

THÉRÉSON, après un soupir.

Qui sait! Peut-être bien qu'un jour j'aurai la douleur de perdre Canivet!

HORACE.

Veuve! (A part.) Ah! bien, par exemple, je n'avais pas encore songé à celle-là!

LA VOIX DE CANIVET, au dehors.

Théréson! Théréson!

THÉRÉSON.

Troun de l'air!... Voilà encore cet animal qui vient me relancer jusqu'ici!

SCÈNE IV

LES MÊMES, CANIVET.

CANIVET, arrivant tout essoufflé.

Ah! enfin, je vous rencontre tous les deux! (Prenant la

main d'Horace.) Ce cher Horace... ce cher ami... je suis bien satisfait de te trouver avec ma femme ! Tu vas me donner un conseil !

HORACE.

Un conseil !...

CANIVET.

Oui... mais permets-moi de m'asseoir... car j'ai tellement couru !...

THÉRÉSON.

Le fait e t que tu es tout trempe !...

CANIVET.

Je suis tont essoufflé !...

Il va pour s'asseoir sur la table où Théréson a posé son carton-affiche en entrant.

THÉRÉSON, l'arrêtant.

Pas là-dessus... nigaud !

CANIVET.

Parce que...

THÉRÉSON.

Eh ! parce que tu écraserais l'affiche que j'ai fait peindre et qui est encore toute poisseuse de vernis !... Voyons. (Elle a pris l'affiche et est allée la placer sur le fauteuil de gauche. — Revenant à Canivet.) Arrive au fait... Que se passe-t-il ?

CANIVET.

Quelque chose d'inattendu, de phénoménal... de monstrueux !...

HORACE.

Expliquez-vous... nous vous écoutons !

CANIVET, à Théréson.

Notre boutique est absolument vide depuis cinq minutes !...

THÉRÉSON, altérée.

Qu'ès aco ?

CANIVET.

Je dis que tous nos oiseaux...

HORACE.

Eh bien ?...

CANIVET.

Partis... disparus... envolés!

THÉRÉSON.

Mille bombes!... Tu as donné la clef des champs à tous nos pensionnaires?

CANIVET.

Oh! pas moi!... Ce sont les sans-culottes, qui, au nom de la liberté..., et sous prétexte qu'on avait renversé la Bastille, sont venus me dire qu'il ne devait plus y avoir d'esclavage pour personne... même pour les serins!...

THÉRÉSON.

Et ils t'ont mis dehors?...

CANIVET.

Et ils m'ont mis dehors!...

THÉRÉSON.

Mais c'est absolument ridicule!...

CANIVET.

C'est ce que je leur ai dit!...

THÉRÉSON.

Et tu ne t'es pas regimbé?...

CANIVET.

Ils étaient plus de cinq cents!...

THÉRÉSON.

Tu ne leur as rien dit!...

CANIVET.

Non!... j'étais trop furieux!... Je leur ai tourné les talons!... il n'y en a pas un qui m'ait regardé en face!...

Il va s'asseoir dans le fauteuil de gauche où est placée l'affiche.

HORACE.

Tu as bien fait!... il faut toujours avoir du sang-froid.

THÉRÉSON.

Du sang-froid?... il n'a que de celui-là!... (Pleurant.) Mais... alors... nous sommes perdus... aplatis... ruinés de fond en comble!...

CANIVET.

Il ne nous reste .. rien!... Littéralement rien!!... C'est navrant!...

THÉRÉSON.

Toutes mes espérances d'avenir sont envolées !... (Elle tombe dans les bras d'Horace en pleurant très fort. Se redressant tout à coup et allant à Canivet qui s'est assis sur l'écriteau.) Ah çà, vous n'allez pas vous asseoir maintenant !... il s'agit de se remuer, de se trémousser... de rattraper quelques-uns de nos pensionnaires... En route... mille cartouches !... En route et dépêchons-nous !...

Elle remonte.

CANIVET, se levant.

Je veux bien !... mais... je n'ai pas confiance !... Après ça.... peut-être bien qu'en leur mettant un grain de sel sous...

En se retournant il laisse voir l'écriteau qui est collé au dos de son habit. — Sur cet écriteau, on lit : Serin, espèce très rare.

THÉRÉSON, revenant au fauteuil.

Té !... et mon écriteau que j'oubliais !...

CANIVET.

Quel écriteau ?...

HORACE, éclatant de rire, en le voyant là où il est placé.

Bougeons pas... (A Canivet qui est toujours dos au public et éclatant de rire.) Tu l'as dans le dos !...

THÉRÉSON, qui l'a vu, même jeu.

Il l'a dans le dos !...

CANIVET, sans se retourner, même jeu.

Je l'ai dans le dos !...

THÉRÉSON, le lui enlevant.

Pécaire ! il n'en fera jamais d'autre !... Quel imbécile !...

Elle sort par le fond en le bousculant et en riant aux éclats. Horace et Canivet se tordent littéralement tous les deux. Canivet sort.

SCÈNE V

HORACE, puis JEAN.

HORACE, seul, tombant sur le fauteuil de gauche et continuant
à rire.

Je ne peux plus tout seul!... il faut que j'aille chercher
un commissionnaire pour me tenir les côtes !...

JEAN, entrant de droite.

Dis-moi... Horace!

HORACE, se levant et reprenant son sérieux.

Monsieur Jean?

JEAN.

Ma mère est-elle chez elle?

HORACE.

Non, monsieur Jean!...

JEAN.

Et Léona?

HORACE.

Mademoiselle est ici! Elle m'a même chargé de la prévenir aussitôt que vous rentreriez!...

JEAN.

Va lui annoncer que je suis là!...

HORACE.

J'y cours!...

Il sort par la gauche.

SCÈNE VI

JEAN, puis LÉONA.

JEAN, se laissant tomber sur un fauteuil près de la table du milieu.

Il n'y a pas à hésiter... pendant que ma mère est ab-
sente... je veux une explication!... Léona! Elle! Quelle

hontel... Et il n'y a pas à nier!... Cette lettre (Montrant une lettre.) ne laisse aucun doute sur ses intrigues avec Dumouriez!... C'est infâme!... (Léona parait à gauche.) Elle!

Il cache la lettre.

LÉONA, entrant.

Ah! te voici, enfin!... Tu reviens de chez les Carnot?

JEAN.

Oui.

LÉONA.

Tu n'as pas l'air satisfait?

JEAN.

J'ai peut-être des raisons pour cela!

LÉONA.

La filleule du grand citoyen est toujours jolie?

JEAN.

Toujours!...

LÉONA.

Depuis notre aventure du 21 septembre qui mit nos deux familles en relations... vous avez dû vous faire des aveux?...

JEAN.

Beaucoup!

LÉONA.

Tu l'aimes?...

JEAN.

Oui!...

LÉONA.

Elle t'aime?

JEAN.

Je le crois!...

LÉONA.

A quand la noce, alors?

JEAN.

Jamais... peut-être!

LÉONA, railleuse.

Ah! ce serait dommage!

JEAN, se levant.

Blanche est une âme loyale... une nature d'élite... qui m'aime... que j'adore et que je n'épouserai pourtant pas!...

LÉONA.

Pourquoi ?

JEAN, se mettant devant elle.

Parce que je suis le frère d'une française qui ne rougit pas de trahir son pays!

LÉONA, vivement.

Qui t'a dit...

JEAN, lui montrant la lettre.

Cette lettre!

LÉONA, la lui arrachant.

Que tu m'as volée...

JEAN.

Que j'ai trouvée chez toi et qui m'a révélé tes épouvantables forfaits!...

LÉONA.

Oh! pas de grands mots... je t'en supplie!

JEAN.

Ainsi tu conspires?... Et contre qui ?

LÉONA.

Contre les lâches! contre les bandits!

JEAN.

Contre Carnot!... contre celui qui t'a sauvé la vie...

LÉONA.

Carnot était un meurtrier... que j'avais juré de perdre... et que j'ai enfin perdu!...

JEAN.

Que veux-tu dire?

LÉONA.

Je dis qu'à l'heure actuelle, Carnot est prisonnier des Autrichiens...

JEAN.

Carnot est libre!

LÉONA.

Libre?..

JEAN.

Il est le seul des commissaires de la Convention qui ne soit pas tombé entre les mains de Dumouriez! Il a été prévenu à Douai des odieux projets de ce traître... et fort heureusement... a échappé au piège infâme qui lui était tendu!...

Madame d'Auffreville relève les rideaux du fond et écoute.

LÉONA, affolée.

Qui l'a prévenu?

JEAN.

Moi!...

LÉONA.

Toi!

JEAN.

Oui, moi... dont l'admiration pour Carnot est au moins égale à la haine que tu lui as vouée... moi qui n'ai pas les mêmes motifs que toi pour le haïr... puisque le comte d'Auffreville n'était pas mon père... moi... qui aime mon pays... moi... enfin... qui suis français!...

SCÈNE VII

Les Mêmes, MADAME D'AUFFREVILLE.

MADAME D'AUFFREVILLE, entrant.

Bien, mon fils! Ta mère est fière de toi!

JEAN.

Ma mère! Vous étiez là?

MADAME D'AUFFREVILLE.

J'ai tout entendu!

JEAN, se cachant la figure.

Ah!

MADAME D'AUFFREVILLE, à Léona.

Léona... ma fille... la haine t'aveugle!... Réfléchis à l'infamie que tu as commise!...

LÉONA.

Rien ne m'arrêtera!

MADAME D'AUFFREVILLE.

Songe que celui que tu poursuis de ta vengeance, que tu exècres... est admiré de tous!

LÉONA.

Je le hais!

MADAME D'AUFFREVILLE.

Songe qu'il est criminel de vouloir détruire ce que Dieu a fait de grand!

LÉONA.

Je détruirai!...

MADAME D'AUFFREVILLE.

Oh! ma fille... ma fille chérie... Ma vie, tout entière... tu le sais, n'a été qu'un long et bien cruel martyre!... Épargne ta mère!... Ne jette pas le déshonneur sur ton frère et sur moi!... Ton imagination exaltée t'a entraînée plus loin peut-être que tu n'aurais voulu aller... et la haine l'a emporté sur la raison... je l'admets... je le conçois!... Mais maintenant que ta mère te parle... qu'elle t'embrasse et qu'elle te tient comme elle te tenait lorsque tu étais toute petite... tu m'écoutes... tu me comprends... Tiens!... Embrasse-moi... donne la main à ton frère et jure-moi de renoncer à tes projets!...

LÉONA, s'échappant des bras de sa mère.

Non!

MADAME D'AUFFREVILLE.

Ah! mon Dieu... mais que vous ai-je donc fait pour m'avoir donné deux enfants dont l'un peut-être sera la cause de tous les malheurs de l'autre!...

Elle éclate en sanglots et tombe dans un fauteuil.

JEAN, allant à elle.

Ma pauvre mère!

MADAME D'AUFFREVILLE.

Oui... pauvre mère... dont le cœur n'a point à faire de partage entre ses deux enfants et qui souffre cruellement de vous voir ainsi désunis tous les deux!... (Elle essuie ses larmes, puis d'un ton solennel.) Écoute... Léona!... La haine est un mal qui ronge... qui gangrène, qui tue!... C'est un brasier qui brûle et qui dévore le cœur!... C'est une passion qui absorbe... qui étouffe et qui, lorsqu'elle nous possède, obscurcit en nous tout ce qui peut être logique... vérité ou discernement! La haine... vois-tu bien... est souvent plus dangereuse pour celui qui s'en sert que pour celui qu'elle doit perdre! Prends garde, Léona... prends garde! La haine est impie!...

LÉONA.

Lorsqu'elle s'attache au meurtrier d'un père, la haine est juste!

MADAME D'AUFFREVILLE, éclatant en sanglots.

Ah! mon Dieu... mon Dieu... mon enfant est perdue!

SCÈNE VIII

LES MÊMES, HORACE.

HORACE, un journal à la main et entrant subitement du fond.

Victoire! Victoire!... (Se ravisant.) Oh! pardon, je vous dérange peut-être!

JEAN.

Non, parle!

HORACE.

Carnot vient de remporter une grande victoire à Furnes!... C'est imprimé... là sur la *Gazette nationale*... et si vous le permettez, je puis vous en donner la primeur!

JEAN.

Lis!

HORACE.

Eh ben, m'sieu Jean, v'là ce que c'est! (Lisant.) « Carnot » après la fuite de Dumouriez qui s'est honteusement » évadé de son camp... a remis l'armée sur pied... a raf- » fermi les courages et a repris l'offensive au moment où » les Autrichiens croyaient nos soldats en déroute. Il a at- » taqué Furnes avec le général O'moran et est entré dans » la place avec Duquesnoy et Carnot-Feulins son frère. (Parlé.) Hein! c'est tapé ça! mais c'est pas fini... et v'là

s'chiendent! (Continuant à lire.) « Malgré ce succès, la situa-
» tion est loin d'être florissante et la Convention fera bien
» de prendre ses mesures, car outre l'Autriche et la Russie
» il est certain que nous allons entrer en guerre avec la
» Hollande, l'Espague et l'Angleterre! » (Parlé.) Ça, c'est
pas drôle!...

MADAME D'AUFFREVILLE, à elle-même.

La France pourra-t-elle lutter?

HORACE.

Oh! rassurez-vous, mam' d'Auffreville, c'est pas les hommes qui manqueront, allez! La France a fait appel à tous
ses enfants... et tout ce qui est valide va porter un fusil!...
à commencer par moi.

Il se désigne.

JEAN.

Tu t'es enrôlé!

HORACE.

C'est fait, m'sieu Jean... et je venais même vous adresser mes adieux!...

JEAN, lui tendant la main.

Tu es un brave garçon!...

HORACE, bas.

Oh! vous savez, il ne faut pas trop me complimenter!...
Si je m'en vas, c'est un peu pour me débarrasser de madame Canivet!...

JEAN.

Quand pars-tu?

HORACE.

Dans une heure... avec les volontaires de la section
du Panthéon, quartier des grands hommes, j'en suis!... (A
madame d'Auffreville.) Au revoir, mam' d'Auffreville... au revoir, mam'zelle Léona!... (Remontant et en sortant.) Je viendrai
vous dire un petit bonjour quand je serai général!... Au
revoir!...

SCÈNE IX

LES MÊMES, moins HORACE.

JEAN, avec élan.

La France est en danger et tout le monde se fait soldat !... Eh bien... moi aussi je serai utile à ma patrie.

LÉONA.

Toi?

JEAN.

Je veux, avec mon sang, effacer l'odieux de ta conduite...

MADAME D'AUFFREVILLE.

Quoi!... tu voudrais...

JEAN.

Je veux être soldat! ma mère!

MADAME D'AUFFREVILLE, lui tendant les bras.

Eh bien! embrasse-moi, mon fils, et va faire ton devoir!

Jean embrasse sa mère.

Rideau, le public ne sort pas.

Le changement à vue doit se faire derrière le rideau et la pièce doit continuer sans interruption.

QUATRIÈME TABLEAU

1792

LE DÉPART DES VOLONTAIRES

Un carrefour de Paris. — Le Panthéon au fond et dans le lointain. — A gauche, l'hôtel de madame d'Auffreville, avec balcon praticable.

SCÈNE PREMIÈRE

GROUPES, PEUPLE, BOURGEOIS, UN CRIEUR, BAPTISTE, puis THÉRÉSON.

Va-et-vient général. — Tableau très animé.

LE CRIEUR.

Demandez la liste des patriotes qui composent le dernier départ des volontaires de la section du Panthéon... Demandez, c'est vendu deux sous !...

UNE FEMME, à un bourgeois.

Est-ce que les volontaires vont passer par ici, citoyen?

UN BOURGEOIS.

Oui, citoyenne... (On entend un coup de canon.) Et tenez, voici justement le premier coup de canon... les volontaires ne doivent pas être loin!

BAPTISTE, arrivant de gauche.

Canivet m'a écrit de me trouver ici à midi... en face de l'hôtel de madame d'Auffreville, je me demande pourquoi?

THÉRÉSON, arrivant de droite, en costume de vivandière.

Eh... Baptiste!

BAPTISTE.

Mam' Canivet!... En vivandière!

THÉRÉSON.

Té!... puisque Horace s'est enrôlé... Est-ce que vous vous figurez que je vais rester toute seule avec mon canari de mari!... Je me suis engagée, moi aussi, comme vivandière! ah! c'est mon Horace qui va avoir une fière surprise!... Il n'en sait rien!...

BAPTISTE.

Et bien... et Canivet?

THÉRÉSON.

Eh digue li que vinque, mon bon!... (On entend un coup de canon.) Qu'es aco?...

BAPTISTE.

C'est le deuxième coup de canon!

THÉRÉSON.

Le deuxième! Alors je vous quitte... car c'est au troisième que nous allons nous mettre en marche!... Au revoir, hein... Et si vous rencontrez mon légitime, ne lui dites pas que vous m'avez vue!...

LE PEUPLE.

Vive la cantinière!

THÉRÉSON.

Coquin de sort... je suis déjà célèbre...

Elle disparaît par le premier plan à droite.

SCÈNE II

Les Mêmes, CANIVET.

BAPTISTE.

C'est égal, quand on voit une femme, contracter de pareils engagements... ça ne vous engage vraiment pas à vous engager dans le mariage!... Pauvre Canivet!

CANIVET, arrivant de gauche, il est en grenadier.

Ah! Baptiste! Ce brave ami! Tu es exact au rendez-vous!

BAPTISTE.

Comment, toi aussi... en grenadier?

CANIVET.

Oui, en grenadier! Ah çà! tu ne t'enrôles pas, toi? Tu ne pars pas avec nous?

BAPTISTE.

Non! je ne pars pas! Si tout le monde partait qui est-ce qui resterait pour vous voir passer?

CANIVET.

C'est juste!... J'ai appris qu'Horace s'était enrôlé... et comme c'est mon meilleur ami, que je l'idolâtre... que je ne pourrais pas vivre sans lui... je me suis fait soldat pour pouvoir le rejoindre et guerroyer à ses côtés... Depuis qu'on a saccagé ma boutique... Théréson est devenue impossible... colère, irritable!... V'là la clef de la maison... tu la lui remettras.

Il la lui donne.

BAPTISTE, qui l'a prise.

Qu'est-ce qu'il faudra lui dire?

CANIVET.

Que je suis allé retrouver Horace, tout simplement. (Troisième coup de canon. On entend le bruit des tambours dans le lointain.) Bigre! voilà les volontaires qui se mettent en route. Je cours rejoindre ma compagnie pour pouvoir défiler devant les représentants de la nation! Au revoir!

BAPTISTE.

Dis donc! N'attrape pas froid!... Tâche de bien te couvrir!

CANIVET.

Ne crains rien! je vais me couvrir... de gloire!

Il disparaît par le premier plan à droite.

BAPTISTE, riant.

Je me demande quelle tête ils vont faire tous les trois en se retrouvant.

Il remonte.

4

SCÈNE III

LES MÊMES, MADAME D'AUFFREVILLE,
MADAME CARNOT, BLANCHE, puis LES VOLONTAIRES.

VOIX AU DEHORS.

Les voilà!... Les voilà!...

Les tambours apparaissent à gauche, suivis de la musique militaire.
Le canon tonne, les chapeaux s'agitent en l'air. Les femmes jettent
des fleurs sur le passage des troupes. Jean apparaît au premier
rang des volontaires et porte le drapeau. Blanche, madame Carnot
et madame d'Auffreville sont appuyées au balcon de l'hôtel à gauche.
— Le défilé se fait au milieu d'un enthousiasme indescriptible.

CHŒUR.

accompagné par la musique militaire, air nouveau de Lagoanère.

Allons, partons, c'est pour la République!
Défendons tous la patrie en danger!...
Le cœur rempli d'un courage héroïque
Sachons mourir pour chasser l'étranger !

Puisque sans trembler nos femmes
Nous ont dit d'armer nos bras,
Livrons-nous tous corps et âmes
A la fièvre des combats!...
Étouffons la tyrannie
Dans les plis de nos drapeaux...
Que l'amour de la patrie
Fasse de nous des héros!...

Allons, partons, c'est pour la République!
Défendons tous la patrie en danger !
Le cœur rempli d'un courage héroïque
Sachons mourir pour chasser l'étranger!

Les volontaires crient : Vive la République! vive la Nation !

Le rideau baisse au moment où l'on voit apparaître Horace en grenadier
agacé par le voisinage de Théréson. Canivet ne les quitte pas d'une
semelle. Derniers volontaires. Jeunes gens donnant le bras à des
vieillards. L'enthousiasme est général. Tableau. — Rideau.

ACTE TROISIÈME

CINQUIÈME TABLEAU

1793

LE CAMP

Une forêt. — Il est cinq heures du soir. — A gauche, une tente assez
vaste avec table, etc... Un gros arbre la surplombe à gauche. —
A droite, premier plan, un banc rustique en bois, deuxième plan,
un trépied auquel est suspendue une grosse marmite au-dessus d'un
bon feu. — Au fond, quelques fusils en faisceaux. — Un deuxième
gros arbre au milieu de la scène. — L'ensemble du décor doit re-
présenter une halte militaire au milieu d'un bois.

SCÈNE PREMIÈRE

JOURDAN, JEAN, LARIFLA, GRAIN-DE-SEL, CANIVET,
GRENADIERS et SOLDATS, puis BRUTUS.

Au lever du rideau, Jean qui porte les épaulettes de lieutenant est en
train d'étudier sous la tente auprès de Jourdan. Une grande carte
est étendue sur la table. Larifla, Grain-de-Sel, Canivet et un
autre soldat sont occupés à faire une partie de drogue sur le banc
à droite. Les grenadiers étendus au fond sont en train de fourbir
leurs armes. Quelques grenadiers forment cercle autour de Canivet
et de ses camarades.

LARIFLA, jouant.

Je joue atout!

CANIVET, jouant.

Je fournis!

GRAIN-DE-SEL.

Je prends. (Continuant.) Pique!

LARIFLA.

Je coupe, atout! A moi le reste!

TOUS.

C'est Canivet qui a perdu!

CANIVET.

C'est pas long.

TOUS.

La drogue!

On veut mettre une drogue sur le nez de Canivet.

CANIVET, la repoussant.

Non... ça m'empêcherait de voir clair, cet appareil-là!
Mes cartes me paraîtraient doubles!... Ça me ferait lou-
cher!... Je n'en veux pas!... Et pour prouver que je n'ai
pas peur de perdre... je propose de jouer un assignat de
dix francs.

TOUS.

Dix francs!...

CANIVET.

Oui! dix francs!...

GRAIN-DE-SEL.

Accepté!... (Après avoir tiré à qui fera.) Fais!...

CANIVET, donnant les cartes.

Voilà!...

GRAIN-DE-SEL, jouant.

Cœur!...

CANIVET.

Je n'en ai pas!...

GRAIN-DE-SEL.

Cœur... cœur... et encore recœur!... J'ai la vole!...
Enlevé, mon fils! Tu me dois dix francs!

Grain-de-Sel, se lève, le banc fait la bascule et Canivet tombe à
terre. Tout le monde rit.

CANIVET, se relevant.

J'en ai assez! Moi, c'est le cœur qui m'a toujours perdu!

(Redescendant.) Je n'ai pas un radis, et comme Théréson ne me donnera certainement pas de quoi payer, je suis déshonoré! je suis un grenadier flétri!

Il remonte au fond.

BRUTUS, arrivant avec une lettre à la main.

Dis donc, Larifla... est-ce que le lieutenant Jean Renaud est rentré?

LARIFLA.

Il est avec le général Jourdan... il travaille!

BRUTUS.

En v'là un qu'est pas *feignant.*

LARIFLA.

Aussi, en trois mois a-t-il décroché l'épaulette!

BRUTUS, allant à la tente et s'adressant à Jean.

Lieutenant!...

JEAN, dans la tente.

Que voulez-vous?

BRUTUS.

Une lettre pour vous, de la part du citoyen représentant Carnot.

JOURDAN, vivement.

Carnot est arrivé au camp?...

BRUTUS.

Oui, général, depuis dix minutes!...

Il remonte au fond.

JOURDAN, à Jean Renaud.

Je vais au-devant de lui!... Restez ici, lieutenant, et attendez mes ordres!

Il sort par la gauche.

SCÈNE II

LES MÊMES, moins JOURDAN.

Les soldats sont au fond

JEAN, lisant l'enveloppe de sa lettre.

De Blanche!... Cette lettre est de Blanche!... Ah! lisons.

4.

la bien vite ! (Il brise le cachet, lisant.) « Mon cher et tendre
» ami. Je charge mon parrain Carnot de vous faire par-
» venir cette lettre. Il y a huit jours seulement, votre
» bonne mère, dans une grave conversation que nous
» avons eue, m'a dit le motif qui vous avait déterminé à
» quitter si précipitamment Paris ! Il y aurait iniquité de
» ma part, à vous rendre solidaire des actes de Léona.
» Jamais un sentiment aussi détestable n'est entré
» dans mon cœur ! Je vous ai donné ma foi, mon cher
» Jean, et quoi que fasse votre sœur, je vous aime et vous
» aimerai toujours. (Il embrasse la lettre.) Soyez brave, mais
» revenez-nous... car, si vous mouriez, Jean... votre pe-
» tite Blanche elle aussi en mourrait ! » (Parlé.) Ah ! que je
me sens heureux ! Quelles que soient les fautes que pourra
commettre Léona, Blanche continuera toujours à m'aimer ! (Regardant la lettre, avec passion.) Ah ! moi aussi, je
t'aime bien, va !

Il la couvre de baisers et se dispose à écrire.

LARIFLA, qui est en train de bourrer sa pipe.

Dis donc, Brutus ?

BRUTUS.

Ma vieille !...

LARIFLA.

Est-ce que tu as vu la particulière qui est venue tout à
l'heure demander le lieutenant ?

BRUTUS.

Un beau brin de fille !

LARIFLA.

Oui, mais qui marque mal !

BRUTUS.

Des yeux superbes !

LARIFLA.

Qui ne disent rien de bon !... Moi, je m'en méfierais !...

Léona paraît.

BRUTUS.

Eh ! tiens !... (Voyant Léona.) Justement la voilà !

SCÈNE III

LES MÊMES, LÉONA, elle est en toilette sombre et coiffée d'une longue résille noire.

LARIFLA.

Regarde-la un peu !... A-t-elle l'air assez gai !...

BRUTUS, à Larifla.

Je te dis qu'elle ne demande qu'à rire ! Et je vais t'en donner la preuve ! (Prenant la taille de Léona qui ne l'a pas vu venir.) Bonjour, la jolie fille...

LÉONA, qui s'est échappée vivement.

Insolent !...

BRUTUS, plus pressant.

De quoi, de quoi ?... Des manières ?

LÉONA.

Si vous faites un pas... je crie au secours !...

JEAN, qui a été attiré par le bruit et sortant de sa tente.

Qu'y a-t-il ?... (Reconnaissant Léona.) Léona !...

BRUTUS, aux soldats.

Il paraît que le lieutenant connaît la demoiselle... Laissons-les en tête-à-tête.

Tous les soldats remontent au fond, et disparaissent peu à peu.

SCÈNE IV

JEAN, LÉONA.

JEAN, presque à voix basse.

Toi ?...

LÉONA.

Oui !... moi !...

JEAN.

Comment es-tu arrivée jusqu'ici ?

LÉONA.

En me servant de ton nom.

JEAN, atterré.

De mon nom! Et notre mère? Tu as quitté notre mère?

LÉONA.

Il y a trois jours!

JEAN.

En vérité, je me demande si je ne suis pas le jouet d'un rêve!

LÉONA.

Tu ne rêves pas!

JEAN.

C'est toi que je retrouve au milieu d'un camp!... Que viens-tu faire ici?... (Léona se tait. — Avec force et lui prenant les poignets pour la regarder face à face.) —Allons, parle...que viens-tu faire? — (Léona détourne la tête. — Dans un cri.) —Ah! je comprends!... Tu viens ici parce que Carnot s'y trouve... tu viens surveiller ce qu'il fait... tu viens pour nous trahir! (La repoussant.) Malheureuse!...

LÉONA, avec fermeté et se redressant.

Ah! nous autres femmes... lorsque nous avons de la haine dans le cœur et que nous voulons nous venger nous n'avons pas comme vous autres la force brutale!.. Nous employons la ruse... et pourvu que nous frappions... peu nous importe, tous les moyens sont bons!

JEAN, qui voudrait l'arrêter.

Léona...

LÉONA, très déterminée.

C'est ma tête que je joue! Eh bien après?... Tout cela je l'ai pensé... tout cela je l'ai prévu... Je suis tenace, et ce qui est arrêté par moi est bien arrêté!

JEAN.

Ainsi, les paroles de notre mère n'ont eu aucune influence sur toi?

LÉONA.

Je ne suis plus une enfant!

JEAN.

Je suis soldat !... Songe à la honte que tu peux jeter sur ton frère !

LÉONA.

Je n'ai pas de frère !... Nous n'avions pas le même père... Nous n'avons pas le même sang...

JEAN.

Ah ! quoi que tu veuilles faire, je saurai bien m'opposer à tes projets infâmes...

LÉONA.

Fais-moi donc arrêter, si tu l'oses ! Je dirai que tu es mon frère alors... puisque tu revendiques ce titre... Je dirai à tous que tu es mon complice...

JEAN.

On ne te croira pas !

LÉONA.

Non... Mais notre parenté t'aura rendu suspect... Or, par le temps qui court... être suspect, c'est être perdu !...

JEAN.

Quoi, tu oserais ?...

LÉONA.

Je l'ai dit que pour des femmes comme moi, tous les moyens sont bons.

JEAN, très déterminé.

Je ferai mon devoir... Je te dénoncerai... Je ne veux pas être complice de ton infamie !

LÉONA, s'avançant sur lui.

Et notre mère... Que pensera-t-elle, lorsque tu iras lui dire que c'est toi qui m'as livrée ?... Elle en mourra de douleur !

JEAN.

Tais-toi... malheureuse !

Il éclate en sanglots et se laisse tomber sur le banc de droite.

LÉONA.

Nous sommes liés à jamais l'un à l'autre... Jean... Si tu me perds, je te perds...

Elle sort par le fond à gauche sur un geste de défi.

SCÈNE V

JEAN, puis BRUTUS.

JEAN, un instant seul et se levant.

La livrer, c'est la [mort!.. Ne pas la livrer, c'est la trahison!... Que faire?.: Mais, j'y pense!... Carnot!... Oui, c'est à lui que je dirai toute la vérité... Je vais le trouver sur-le-champ, et...

Fausse sortie.

BRUTUS, venant du fond à droite avec un pli à la main.

De la part du général en chef!...

Il remet le pli, puis disparaît.

JEAN, lisant.

« Ordre au lieutenant Jean Renaud de se rendre im-
» médiatement auprès du colonel Robert! Signé : Jourdan. » (Parlé.) Partir !.. M'éloigner au moment où Léona...
Ah!.. mon Dieu !... pourvu que je revienne à temps!..

Jean sort précipitamment par le fond, à droite. — Les soldats rentrent peu à peu.

SCÈNE VI

THÉRÉSON, CANIVET.

Ils arrivent tous les deux en se disputant par le fond à gauche.

CANIVET.

Alors... tu ne veux pas me donner ces dix francs?...

THÉRÉSON.

Tu n'auras rien!... Tu n'es qu'un imbécile.. tu as perdu... c'est bien fait!.. il ne fallait pas jouer!...

CANIVET.

Si je ne paie pas, c'est le déshonneur, je suis un grenadier flétri!...

THÉRÉSON.

Eh! que m'importe!... Ce qui m'intéresse, c'est Horace... Horace qui est parti en reconnaissance depuis hier et qui n'a pas encore reparu au camp. Pauvre pitchoum!

CANIVET.

Ce n'est pas Horace qui aurait cette rudesse de cœur-là avec moi! En voilà un vrai ami! Ah! s'il était là!

THÉRÉSON.

Tu lui emprunterais de l'argent peut-être?

CANIVET.

Pourquoi pas?

THÉRÉSON, s'enflammant.

Té! Eh bien, il ne vous manquerait plus que cela.

CANIVET.

Parce que...

THÉRÉSON, très embarrassée.

Parce que... parce que... le pauvre diable n'a juste que de quoi payer sa goutte et son tabac! Ce serait une honte!.

CANIVET.

C'est vrai... au fait!... J'y avais pas pensé!

THÉRÉSON, avec exagération.

Ah! tenez, vous n'êtes qu'un oiseau de proie... vous faites gémir toutes les convenances... et je préfère cesser toutes relations avec vous! (A part.) Je vais aller voir si Horace il est rentré au camp!

Elle remonte vers le premier plan à gauche et disparaît en courant.

SCÈNE VII

CANIVET, GRAIN DE SEL, puis HO ACE.

CANIVET, à lui-même.

Cesser toutes relations... (D'un air très sombre.) Oh! oh! oh! ah! ah! ah! Au fond, je crois que ma femme commence à en tenir, un peu pour Horace. (Riant.) ah! Ah! oh! ah! ah! ah! Que t'es donc bête, mon pauvre Canivet! En voilà un qui ne me tromperait pas, j'en mettrais ma main au feu!

GRAIN DE SEL, au fond où il est couché.

Dis donc... Canivet... tu sais que tu me dois dix francs! Ces dettes-là, c'est des dettes d'honneur!

CANIVET.

D'honneur!.. d'honneur!... je le sais bien!.. (Redescendant.) Si... je ne peux pas payer, je sais bien ce qui me restera à faire!... Ma femme a beau dire : j'attendrirai Horace en lui jouant une petite comédie de ma façon!

Il s'assied sur le banc.

HORACE, arrivant de droite à la tête de quelques hommes.

Halte! Front! Reposez vos armes, rompez les rangs !...

CANIVET, à part.

Ah! le voici! attention!

Il commence à pleurer.

HORACE, à Brutus.

Rien de nouveau?

BRUTUS.

Non, sergent!

HORACE.

Dis donc, Brutus... sais-tu où est la cantinière? J'ai une soif à tout casser!... cré nom!...

Il ôte ses buffleteries.

BRUTUS.

Ma foi, sergent... la cantinière n'est pas là... mais v'là toujours le cantinier... (Riant.) Il est vrai que c'est pas la même chose pour vous.

HORACE, qui s'est avancé.

Bonjour, Canivet ! Comment, tu pleures!

CANIVET, se levant.

Oui, je pleure... parce que je me regrette.

HORACE.

Pourquoi que tu te regrettes?

CANIVET, toujours pleurant.

Parce que je vais mourir!

HORACE.

Mourir!.. Alors tu quittes le service?

CANIVET, même jeu.

Prête-moi deux sous.

HORACE, les lui donnant.

Pourquoi?

CANIVET, même jeu.

Parce que je suis un grenadier flétri et que je vais me poisonner en grattant du vieux cuivre dans mon potage.

HORACE.

Toi!

CANIVET.

Oui, moi... et quand Théréson sera veuve...

HORACE, vivement.

Veuve! Bigre!... Rends-moi mes deux sous. (Canivet les lui rend.) Je ne veux pas de ça... je veux que tu te conserves pour ta femme et pour moi... Surtout pour moi! Est-ce qu'un homme raisonnable a de ces idées-là? Voyons, qu'est-ce qui t'est arrivé!

CANIVET.

J'ai joué!

HORACE.

Et puis?

CANIVET.

J'ai perdu.

HORACE.

Combien?

CANIVET.

Dix francs!

HORACE, lui donnant un assignat.

Dix francs!... J'aime mieux te les donner et que Théréson ne soit pas veuve! (A part.) Son rêve! Jamais de la vie!

CANIVET, à part.

Ça y est!..

HORACE.

Ça fait dix francs.... et deux sous!...

5

CANIVET, vivement.

Ah!... non!... Je t'ai rendu les deux sous!...

HORACE.

C'est vrai!...

THÉRÉSON, du fond et levant les bras au ciel en apercevant Horace.

Lui!... Sauvé!...

CANIVET, avec lyrisme.

Que c'est bien, ce que tu viens de faire, Horace!... Que c'est grand!... Que c'est beau!...

En ce moment, Théréson arrive en courant et vient se placer entre eux, ils l'embrassent en même temps.

CANIVET et HORACE, ensemble.

Ah! que c'est bon!...

SCÈNE VIII

LES MÊMES, THÉRÉSON.

THÉRÉSON, à Horace.

Si tu savais comme Canivet et moi, nous avons eu de l'inquiétude pendant ta reconnaissance!...

CANIVET.

Oh! la reconnaissance! Voilà un mot qui est gravé dans mon cœur. (Embrassant Horace.) Ah! quel ami!

BRUTUS.

Pourquoi que tu dis ça?

CANIVET, lui montant l'assignat.

Parce que Horace m'a sauvé la vie et que pour l'en remercier... moi je paie une tournée à toute la compagnie.

LES SOLDATS.

Hurrah!

THÉRÉSON.

Bonne idée, bagasse!... Et moi pour fêter le retour du sergent, je vais vous dire la fameuse légende du colonel portugais.

LES SOLDATS.

Vivat!

           Ils commencent à boire.

THÉRÉSON.

Et attention au refrain, hein?

CHANSON

Musique nouvelle de G. Serpette.

I

Y avait dans l'armée portugaise,
Un colonel, brave guerrier,
Qui prit pour femme un' polonaise,
Un jour histoir' de s' marier.

TOUS.

Ah! sacrédié!

THÉRÉSON.

Mais ce jour-là, déveine atroce,
Ses cors au pied le gênaient tant,
Qu'avec peine suivant la noce,
L' colonel disait en boitant :
Mouvement de claudication.
Oh! la, la, oh! la, la!
Triple nom d'un' pip' cristi qu' ça m'élance!
Pour un jour comm' ça,
C' n'est vraiment pas d' chance!
Oh! la! oh! la! oh! la! la!
Reprise en chœur et même jeu.

II

THÉRÉSON.

C' n'était pas des cors d'harmonie,
Que ces cors-là, c'est bien certain !...
Car la colonell' fort jolie,
S' fit enl'ver par son p'tit cousin!

TOUS.

Ah! cré coquin!

THÉRÉSON.

Voulant les poursuivre avec rage,
L' colonel partit subit'ment;
Mais c' jour-là comme y avait de l'orage,
Il s'arrêta court en disant :

Oh! la, la! oh! la, la!
Triple nom d'un' pip' cristi qu' ça m'élance,
N' courez pas comm' ça,
Ou j' lâch' ma vengeance!...
Oh! la! oh! la! oh! la, la!

Reprise du chœur, même jeu .

III

THÉRÉSON.

Plus tard n'étant pas plus ingambe,
L' colonel mêm' devant l'enn'mi,
Ne cessait de traîner la jambe,
Tout en pensant à son... ennui!

TOUS.

Ah! sacristi!

THÉRÉSON.

Mais l'Etat quand une chos' le choque,
Toujours apport' le r'mède au mal,
Et c'est pourquoi d'puis cette époque,
Tous les colonels vont à ch'val.

Mouvement d'aller au cheval.

Eh! hop là! eh! hop là!
Triple nom d'une pip' tambour et cymbale!
De ce.'e histoir'-là,
Voilà la morale!
Eh! hop, eh! hop, eh hop là!

*Reprise et même mouvement par le chœur. — Tout à coup grand
tumulte. Les trompettes sonnent. Les tambours battent aux
champs.*

BRUTUS.

Qu'y a-t-il?

LARIFLA.

C'est le général Jourdan qui se dirige de ce côté avec
le citoyen Carnot et tout l'état-major!

HORACE.

Aux armes!

Les soldats prennent les armes et se rangent au fond.

SCÈNE IX

LES MÊMES, CARNOT, JOURDAN, QUELQUES
OFFICIERS SUPÉRIEURS, formant état-major, puis LÉONA.

Carnot et Jourdan arrivent en causant.

JOURDAN, lui montrant la tente.

Entrons ici pour délibérer!

HORACE, qui commande les honneurs militaires.

Reposez vos armes.

Tous les soldats sont remontés. Carnot, Jourdan, quelques officiers ont pris place sous la tente.

CARNOT, après s'être assis, il est en commissaire de la République.

Tu connais l'ordre du Comité de Salut public!

JOURDAN.

Oui... refouler l'ennemi au delà de la Sambre, de manière à l'empêcher de prendre ses quartiers d'hiver sur le territoire français...

CARNOT.

Hier, Jourdan... tu n'as pas été heureux!

JOURDAN.

Te serais-je suspect?

CARNOT.

Si tu m'avais été suspect je ne t'aurais pas moi-même proposé au Comité de Salut public pour commander l'armée du Nord... toi qui il y a huit jours encore n'étais que simple chef de bataillon! Seulement, rappelle-toi Houchard, il a eu trop d'hésitations et il les a payées de sa tête.

JOURDAN.

Je triompherai à force de courage et de vigueur.

CARNOT.

C'est à la discipline fondée sur la confiance et l'amour

de la patrie que la République devra tous ses succès! Il n'y a rien d'impossible à vingt-cinq millions d'hommes qui ont juré de ne plus redevenir esclaves!

JOURDAN.

Il faut vaincre ou mourir!

CARNOT.

Le salut de la Nation est la loi suprème!

JOURDAN.

Je suis prêt à tout pour sauver mon pays!

CARNOT.

Et nous le sauverons, bien que les nouvelles soient graves! (Les officiers se sont rapprochés. — Carnot tout en disant ce qui va suivre l'indique sur la carte.) De la mer du Nord au Rhin, du Rhin à la Méditerranée, des Pyrénées à l'Océan, l'Europe est debout en armes! Soixante-quinze départements sont rebelles, cent mille chouans occupent la Loire... trente mille paysans prennent les armes dans la Lozère et les Cévennes... toutes les villes du Midi sont en état de révolte contre la Convention!

JOURDAN.

Il faut tenir tête à nos ennemis! Ce qui nous manque malheureusement, ce sont d'anciens soldats!

CARNOT, se levant.

Qu'importe si nos conscrits ont au cœur cet ardent désir que nous avons tous de défendre la France envahie! Les grandes passions font les grandes nations!

JOURDAN.

Nous aurons le courage et l'héroïsme!

CARNOT, froidement.

Le courage et l'héroïsme ne suffisent pas pour vaincre, Jourdan... il faut surtout savoir profiter des fautes de ses ennemis! (Il se rassied et suit du doigt les différents pays dont il va parler.) L'ambition et l'égoïsme divisent les alliés. La Russie veut la Pologne, l'Angleterre la mer du Nord, la Prusse a donné ordre à Brunswick de se maintenir sur le Rhin... L'Autriche a contraint Cobourg à bloquer Maubeuge... L'Angleterre a forcé le duc d'York à faire le

siège de Dunkerque ! Là est la faute et je saurai en profiter !

JOURDAN.

Tu crois réussir ?

CARNOT.

Le succès est certain... je les tiens tous !

JOURDAN.

Songe, Carnot, que le Comité de Salut public a dé-
crété la victoire ou la mort.

CARNOT, avec force et se levant.

J'accepte la responsabilité de mes actes... la victoire
ou la mort !...

JOURDAN.

Es-tu donc sûr de vaincre !

CARNOT.

J'en fais le serment sur l'honneur de la Nation.

LÉONA, qui s'est glissée en rampant à gauche est venue coller son
oreille près de la tente pour écouter ce que dit Carnot. — Retenant
un cri de joie.

Il est là !

CARNOT, à Jourdan.

Hier, tu as été repoussé par Cobourg ! L'aile droite de
ton armée est tombée meurtrie et sanglante sous le feu
des canons autrichiens... il faut que tu rachètes cette dé-
faillance par une victoire éclatante ! Quels sont tes projets ?

JOURDAN.

Rétablir l'équilibre de notre ligne de bataille en renon-
çant à l'attaque du centre et en renforçant l'aile gauche
qui malheureusement a faibli.

CARNOT.

Ce sont les principes de l'ancienne guerre que tu pro-
poses là !... Il faut, au contraire, renforcer notre droite
victorieuse et porter tous nos efforts sur Wattignies pour
débloquer Maubeuge.

JOURDAN.

Mais...

CARNOT.

C'est à Wattignies que nous devons triompher!

Du doigt il indique le nom de ce pays sur la carte qui est sur la table.

JOURDAN.

Tu penses que c'est là qu'il faut livrer bataille...

CARNOT.

A Wattignies, oui.

Léona continue à écouter.

JOURDAN.

Homme de discipline, j'obéirai et je ferai mon devoir!

CARNOT, prenant la scène.

Bien! Demain, au point du jour, que l'attaque soit écrasante! Le plus d'artillerie possible et le combat à la baïonnette!

LÉONA, à elle-même.

Wattignies!...

Elle disparaît à gauche.

CARNOT.

Les gouvernements qui nous entourent veulent tous notre destruction... nous n'avons qu'une politique à suivre, c'est d'être les plus forts! A bientôt, Jourdan, à bientôt!

Les tambours battent aux champs. Les soldats présentent les armes. Carnot disparaît par la gauche suivi de quelques officiers.

SCÈNE X

JOURDAN, qui l'a accompagné et qui est entouré de ses aides de camp.

Carnot est la divination merveilleuse du patriotisme!... je suivrai son plan aveuglément. Il aime tant sa patrie, il a au cœur un tel désir de sauver son pays... que là où il me dira d'aller, j'irai quand même.

Bruits et rumeurs dans le camp.

VOIX, au dehors.

A mort l'espionne!... A mort!...

Léona apparaît au fond escortée et maintenue par des soldats.

SCÈNE XI

Les Mêmes, LÉONA, LARIFLA, CANIVET, HORACE
et THÉRÉSON qui sont restés au fond.

JOURDAN, sortant de la tente.

Pourquoi ces cris?

TOUS LES SOLDATS.

A mort!

JOURDAN.

Qu'a fait cette femme?...

LARIFLA.

C'est une espionne!

JOURDAN.

En avez-vous la preuve?

LARIFLA, montrant un papier et un poignard.

Nous l'avons arrêtée au moment où elle se disposait à
quitter le camp pour se rendre chez nos ennemis. Elle
avait sur elle ce poignard et ce laisser-passer autrichien.

JOURDAN, après avoir lu le laisser-passer.

Qu'on l'attache à cet arbre!

Les soldats s'emparent de Léona.

THÉRÉSON, surprise.

Mam'zelle Léona!

HORACE.

La sœur à M. Jean! Oh! il faut à tout prix la sauver.
(A Brutus) Où est le lieutenant?

BRUTUS.

Auprès du colonel Robert.

HORACE.

J'y vais!...

5.

LÉONA, que l'on attache.

Au secours! à moi! Vous me brisez les membres!

JOURDAN.

Parle... explique-toi! Qu'as-tu à dire pour ta défense?

LÉONA, pendant qu'on l'attache.

A vous, rien! Qu'on me donne des juges! je n'ai pas affaire à vous, vous n'êtes que des bourreaux!

JOURDAN, à un sergent.

Allons, allons... prenez-moi six hommes et fusillez-moi cette femme.

Le peloton d'exécution est formé.

UN SERGENT, aux hommes.

Portez armes! En joue!...

SCÈNE XIII

LES MÊMES, JEAN et HORACE.

JEAN, suivi d'Horace, entrant comme un fou.

Arrêtez!... Ne fusillez pas cette jeune fille... je vous en supplie... ne la fusillez pas!...

JOURDAN.

Vous dites?

JEAN.

Je dis, mon général, que je suis le frère de cette malheureuse... et que quoi qu'elle ait fait, il y aurait cruauté de ma part à ne point essayer de la défendre!

JOURDAN.

Vous... Jean Renaud... vous, son frère?

JEAN.

Oui, son frère qu'elle a couvert de honte et qui pourtant croirait être un lâche s'il n'essayait encore de lui sauver la vie.

JOURDAN.

Cette femme est une espionne!

JEAN, désespéré.

Soyez humain... Soyez indulgent.

JOURDAN.

Mieux que tout autre, vous devez savoir qu'en pareil cas les lois de la guerre sont inexorables.

JEAN.

Oui, mon général, je le sais... mais c'est une femme!.. Tenez, mon général, je me traîne à vos pieds... je vous implore... je vous en supplie! Pour notre mère!...

Il se met à genoux.

JOURDAN.

Votre prière est inutile! (Au sergent.) Que l'on fasse prompte justice!...

LE SERGENT.

En joue!...

JEAN, s'élançant au-devant de Léona et la couvrant de son corps.

Eh bien! non! Vous ne la tuerez pas... vous dis-je!... Vous me frapperez avant elle!...

On entend battre aux champs dans le lointain. Carnot apparaît au fond.

SCÈNE XIV

LES MÊMES, CARNOT.

JEAN, courant à lui.

Ah! citoyen Carnot! Sauvez-la!

CARNOT, qui a reconnu Léona.

Mademoiselle d'Auffreville?...

JOURDAN.

Tu connais cette jeune fille?...

CARNOT.

Oui!...

JOURDAN.

C'est une espionne!... Voici ce que l'on a trouvé sur

elle. (Il lui remet le poignard.) Elle refuse de parler; veux-tu l'interroger?

CARNOT.

Oui ! Qu'on délie cette femme! (On détache Léona. — Tout le monde remonte au fond. — A Léona.) Approchez ! (Bas.) Vous vous êtes faite espionne... vous ?...

LÉONA.

Pour essayer de vous perdre en vous atteignant dans votre gloire !

CARNOT.

Vous n'êtes qu'une folle... ou qu'une enfant !

LÉONN.

Une enfant qui veut venger son père !

CARNOT, lui montrant le poignard.

Pourquoi cette arme que l'on a trouvée sur vous?

Jean s'est approché et écoute.

LÉONA.

Pour vous frapper si j'avais pu !

CARNOT, il lui tend l'arme.

Frappe-moi donc, si tu l'oses !...

Léona prend le poignard.

LÉONA.

Tu me braves, Carnot! (Après un temps et s'élançant sur lui.) Eh bien !...

JEAN, arrêtant le poignet de Léona.

Misérable !...

Léona lâche son arme et tombe à genoux, comme atterrée.

CARNOT, s'adressant à des soldats qui sont au fond.

Qu'on s'empare de cette femme... et qu'on la conduise au moulin de La Bassée, au poste d'avant-garde, commandé par mon frère.

Brutus et Larifla viennent prendre Léona par les poignets.

JOURDAN.

Tu lui fais grâce de la vie?...

CARNOT.

Je déciderai de son sort après la victoire !

Tableau. — Rideau.

ACTE QUATRIÈME

SIXIÈME TABLEAU

1793.

LA MÈRE ET LA FILLE

Intérieur d'un moulin. — Tout petit décor. — Porte au fond, à droite, donnant sur un pont; à gauche, une grande et large baie à petits carreaux qui permet de voir passer de l'autre côté. Porte latérale, à droite. — Huche, table, escabeau, etc., etc. Il est dix heures du soir. Le fond représente la campagne et est éclairé par la lune.

———

SCÈNE PREMIÈRE

CARNOT-FEULINS, BRUTUS.

Au lever du rideau, Carnot-Feulins, en commandant du génie, écrit sur une petite table, une lumière brûle sur la table; sur le pont et au dehors, un grenadier monte la garde et se promène de long en large devant la porte du moulin.

BRUTUS, entrant du fond et s'adressant à Feulins.

Commandant... ronde major.

FEULINS.

Qui ?...

BRUTUS.

Le citoyen Carnot visite les avant-postes du canal et se dirige de ce côté.

FEULINS.

Les hommes sont sous les armes ?

BRUTUS.

A l'entrée du pont... Oui, mon commandant !

A ce moment, Carnot paraît par la porte du fond.

SCÈNE II

LES MÊMES, CARNOT.

CARNOT, entrant et s'adressant à Brutus.

Va dire au général Jourdan que je suis au moulin de La Bassée. C'est ici, qu'il me fera prévenir s'il a quelque chose d'urgent à me communiquer ! (Brutus disparaît.) Rien de nouveau ?...

FEULINS.

Rien !...

CARNOT.

Où as-tu installé le fourneau de la mine ?...

FEULINS, lui indiquant un petit baril de poudre qui est au fond dans le plancher, à gauche.

FEULINS.

Ici !...

CARNOT.

Tes mesures sont bien prises ?...

FEULINS.

Lorsque le feu sera mis à ces poudres, il ne restera rien de ce moulin, ni de ce pont sur lequel il est construit !

CARNOT.

Rappelle-toi que l'attaque se fera au petit jour ; que les Autrichiens sont là... (Il indique à gauche.) au village de Noyelles et qu'il est très important que cette nuit ils ne puissent attaquer notre gauche en franchissant le canal.

FEULINS.

Tu peux compter sur moi...

CARNOT.

Comment se comporte la prisonnière?...

FEULINS.

Bien, mais toujours sombre!...

CARNOT.

Fais-la venir... Je désire lui parler!...

Feulins va ouvrir le cabinet de droite. — Léona paraît.

SCÈNE III

LES MÊMES, LÉONA.

CARNOT.

Votre frère est fou de désespoir et de douleur!... Avez-vous bien songé à toute la portée de votre crime?...

LÉONA.

Oui!...

CARNOT.

Un profond repentir doit s'être glissé dans votre âme?

LÉONA.

Non!...

CARNOT, avec force.

Cœur de pierre!... cœur impitoyable!...

LÉONA, se redressant.

Et vous? Avez-vous donc été pitoyable envers mon père lorsque vous l'avez tué?...

CARNOT.

Votre père m'avait provoqué... il avait osé lever son fouet sur moi! Nous nous sommes loyalement battus comme entre gentilshommes!

LÉONA.

Gentilhomme, vous!!.. Allons, donc!... Ce duel n'a été pour vous qu'un moyen de popularité. Il vous fallait un marchepied pour arriver au rêve de votre ambition... et c'est le corps du comte d'Auffreville qui vous en a servi!...

CARNOT.

Vous accusez et c'est moi qui juge !

LÉONA,

Mon père était noble... vous étiez révolutionnaire...
de là votre rage... votre colère et vos emportements !...
Pour servir votre ambition il vous fallait un coup d'é-
clat... et vous avez frappé lâchement... injustement, sans
même vous préoccuper de savoir si cette mort faisait
une veuve... si cette mort laissait derrière elle des enfants ?...

CARNOT.

Vous mentez ! Votre égarement n'inspire que de la
pitié !

LÉONA.

Je ne veux pas de pitié ! Je n'en aurais pas eu pour toi
si j'avais triomphé !...

CARNOT.

Votre exaltation vous aveugle... Songez plutôt à la
France qui lutte et que vous trahissez !,..

LÉONA.

Je n'ai plus de patrie !...

CARNOT, retenant un cri.

Vous regretterez un jour vos injustes paroles !...

LÉONA.

Je ne regretterai rien... car je n'ai rien à regretter !...
Mon cœur est vide... ma vie est brisée !... Quel espoir
peut entrer dans mon cœur ?... Aucun !... Tes soldats
m'ont arrêtée au moment où j'allais communiquer aux
Autrichiens ton plan d'attaque... je suis une espionne...
et l'on va me fusiller comme telle ! Que m'importe ! Si
je meurs, je mourrai bravement ! Je relèverai la tête...
ne serait-ce que pour mieux te jeter mon dernier regard de haine !

SCÈNE IV

Les Mêmes, BRUTUS puis MADAME D'AUFFREVILLE.

BRUTUS, entrant et remettant un pli à Carnot.

De la part du général Jourdan.

CARNOT, prenant le pli, le décachetant, puis lisant:

« Poussée par de funestes pressentiments sans doute,
» la mère de cette jeune fille que nous avons fait arrêter
» il y a quelques heures est arrivée ce soir au camp. »

LÉONA, à elle-même.

Ma mère !

CARNOT, continuant.

« Cette femme m'a imploré et m'a demandé la grâce
» de son enfant avec une telle passion que devant sa dou-
» leur et ses larmes, je n'ai pu me défendre d'un sen-
» timent de pitié. Cette pauvre femme qui répond de sa
» fille m'a supplié en grâce d'être conduite auprès d'elle
» Elle implore en ton nom... vois, juge et décide ! »(A Brutus.) Où est cette personne?

BRUTUS, indiquant la porte du fond qui vient de s'ouvrir.

La voici !...

Madame d'Auffreville tout en noir et voilée paraît à la porte du fond.

CARNOT, allant à elle et après l'avoir saluée.

Le lieutenant Jean Renaud est un des plus braves officiers que je connaisse, madame... le crime de sa sœur
ne doit donc pas rejaillir sur lui ! Votre fille est libre !...

LÉONA, à elle-même.

Libre !...

CARNOT, allant à elle.

C'est par l'indulgence qu'on dompte les révoltés !...

MADAME D'AUFFREVILLE.

Vous êtes un noble cœur, monsieur, et je vous remercie
du plus profond de mon âme !...

CARNOT.

Dans une heure, une escorte viendra vous prendre et vous conduira en dehors de nos lignes.

MADAME D'AUFFREVILLE.

Dans une heure nous nous tiendrons à vos ordres !

CARNOT.

Je vous rends votre fille, madame, mais souvenez-vous que vous avez répondu d'elle !...

MADAME D'AUFFREVILLE.

Sur ma vie !...

> Carnot et Carnot-Feulins la saluent gravement et sortent par la porte du fond.

SCÈNE V

LÉONA, MADAME D'AUFFREVILLE.

MADAME D'AUFFREVILLE.

Tu as entendu, Léona !

LÉONA.

Oui !..

MADAME D'AUFFREVILLE.

J'ai répondu de toi sur ma vie... il faut me suivre !...

LÉONA.

Vous !...

MADAME D'AUFFREVILLE.

Oui! moi!... Moi qui mue par un horrible pressentiment, ai quitté Paris après toi, il y a trois jours... Moi qui viens d'apprendre l'odieux attentat dont tu t'es rendue coupable... moi, enfin, qui en suis encore toute frémissante d'horreur !.. Je te le répète, Léona... je viens te chercher, il faut me suivre !

LÉONA.

Jamais !...

MADAME D'AUFFREVILLE.

Mais, ce n'est qu'à ce prix que j'ai obtenu ta grâce !

LÉONA.

Je ne partirai pas avec vous !...

MADAME D'AUFFREVILLE.

Pourquoi ?... (Léona ne répond pas.) Parce que tu veux aller redire à l'armée ennemie...

LÉONA.

Eh bien, oui !...

MADAME D'AUFFREVILLE, remontant.

Moi vivante... tu n'iras pas, je te le jure !...

LÉONA.

Je veux me venger !...

MADAME D'AUFFREVILLE.

De qui ?...

LÉONA.

De Carnot !...

MADAME D'AUFFREVILLE.

Carnot a eu pitié de mes larmes ! il t'a fait grâce de la vie !...

LÉONA.

Il ne vous appartenait pas d'implorer mon pardon... vous, la veuve du comte d'Auffreville... vous qui auriez dû crier vengeance avec moi !...

MADAME D'AUFFREVILLE.

Ma fille !...

LÉONA.

Je ne veux pas de la pitié de cet homme ! j'ai fait un serment sur le corps de mon père... ce serment, je le tiendrai !...

MADAME D'AUFFREVILLE.

Mais, malheureuse enfant... en trahissant Carnot, tu trahis ton pays !... (Silence de Léona.) Songe à ton frère qui est soldat ! Songe à ta mère qui t'aime et que tu dois aimer !

LÉONA.

Je n'ai plus de famille !

MADAME D'AUFFREVILLE.

Tu blasphèmes... Léona ! Prends garde !...

LÉONA.

Allons, ma mère... laissez-moi sortir !

Elle se dirige vers le fond.

MADAME D'AUFFREVILLE, lui barrant la route et se mettant devant la porte.

Eh bien non ! Tant que l'escorte qui doit nous accompagner ne sera pas venue nous prendre ici... tu ne me quitteras pas ! Je ne veux pas que tu trahisses, moi !... Si tu essaies de franchir le seuil de cette porte... je jure que je te tue !...

On entend un coup de canon au lointain, le petit jour commence.

LÉONA.

Le canon !... C'est la bataille qui commence !... Laissez-moi passer, ma mère ! ..

MADAME D'AUFFREVILLE.

Non !...

LÉONA, affolée.

Laissez-moi passer !...

MADAME D'AUFFREVILLE, plus fort.

Non ! non ! non !...

Deuxième coup de canon.

LÉONA.

Je sens que je deviens folle !... Retirez-vous !... (Tout à coup quelques Autrichiens passent au fond du décor devant la grande baie vitrée, les voyant et dans un cri de joie.) Ah ! les Autrichiens... enfin !. .

MADAME D'AUFFREVILLE.

Les Autrichiens ?...

Troisième coup de canon.

LÉONA, joyeuse.

Carnot n'aura plus le temps de faire sauter le pont... Carnot est perdu !...

MADAME D'AUFFREVILLE, qui se trouvait près du petit baril de gauche et apercevant les poudres.

Ah !...

LÉONA, qui a suivi son regard.

Des poudres !...

MADAME D'AUFFREVILLE, terrible.

Il ne s'agit plus de Carnot, Léona... il s'agit de l'armée française...

LÉONA.

Qu'allez-vous faire?

MADAME D'AUFFREVILLE.

Te montrer comment meurt une patriote! (Courant à la lumière et s'en emparant.) Ce pont... c'est moi qui vais le faire sauter!...

LÉONA, atterrée.

Vous!... (Allant à la baie du fond.) A l'aide! A moi! Au secours!...

Quatrième coup de canon.

MADAME D'AUFFREVILLE.

Tu ne parleras pas! Tu vas mourir! Et pour être bien sûre que tu meures, ma fille... je vais mourir avec toi!...

LÉONA, hors d'elle même.

Une dernière fois laissez-moi sortir... laissez-moi me venger!...

MADAME D'AUFFREVILLE.

Tu as assez mordu, vipère... il est temps de t'écraser!...

Elle met le feu aux poudres. — Une explosion formidable se fait entendre. — Tout le moulin s'écroule en ensevelissant madame d'Auffreville et Léona.

NOTA. — Le rideau baisse, mais pendant une minute seulement. Derrière ce décor qui est tout petit, la bataille qui suit doit être entièrement équipée. Pendant que le rideau est baissé, on entend le canon tonner jusqu'à ce que la toile se relève.

SEPTIÈME TABLEAU

WATTIGNIES

Le sommet d'un mamelon occupé par les Autrichiens. —
Quelques arbres à gauche. Un gros arbre à droite.

SCÈNE PREMIÈRE

HORACE, CANIVET, Soldats français, Officiers et
Soldats autrichiens.

Au lever du rideau, le canon tonne, la fusillade crépite, la bataille
est au moment de se terminer. — Une décharge des Autrichiens
fait reculer les Français. Dans une nouvelle attaque, Horace et
Canivet apparaissent au premier plan.

> HORACE, faisant signe à Canivet de rester en arrière.

Cré nom! Ne t'expose donc pas ainsi. (A part.) Il est ridicule, cet animal-là! On dirait qu'il a juré de tout faire
pour que sa femme devienne veuve.

> CANIVET, risquant un pas.

Je ne suis pourtant pas très rassuré.

> HORACE, furieux de voir avancer Canivet.

Tiens!... Cache-toi derrière cet arbre!

> Il lui montre le gros arbre de droite.

> CANIVET, obéissant.

Je veux bien! (Il essaie de charger son fusil, mais il tremble tellement qu'il met toujours la baguette à côté du canon.) Si on me
voyait, on pourrait croire que j'ai peur... Certainement
je n'ai pas peur... c'est nerveux...

> Il se cache derrière l'arbre.

SCÈNE II

Les Mêmes, CARNOT, Soldats puis JOURDAN.

CARNOT, à la tête d'un groupe de grenadiers.

Droit devant vous, mes braves! (Apercevant Canivet derrière l'arbre au moment où la fusillade crépite plus fortement.) Que fais-tu là?

CANIVET, surpris.

Moi! Je suis de la réserve!

CARNOT, lui prenant son fusil.

Tu n'es qu'un poltron! Et voici comment on se bat...
Il fait feu sur l'ennemi et disparaît dans la mêlée.

CANIVET, se découvrant.

Ah bien! Si c'est pas plus malin que ça, je veux bien essayer un peu.

HORACE, rattrapant Canivet et se mettant devant lui.

Reste donc caché... songe donc qu'elle peut te perdre!...
Et qu'est-ce que je deviendrais... qu'est-ce qu'elle deviendrait?

CANIVET, se remettant devant lui.

Ça m'est égal... Je ne veux pas que tu me protèges...
tu m'as prêté dix francs, je veux mourir pour toi!...
Ils se disputent à qui passera le premier pour couvrir l'autre tout
en faisant le coup de feu.

HORACE.

Est-il enragé donc!

CANIVET.

Est-il entêté donc!

HORACE.

Je te dis que je veux passer? Pan!
Il tire un coup de fusil.

CANIVET.

Je te dis que tu ne passeras pas? Pan!
Il tire un coup de pistolet. — Les Autrichiens reparaissent. Ho-

race et Cauivet se perdent dans la mêlée. — Carnot revient avec un groupe à la tête duquel est Jean Renaud. — Il culbute les Autrichiens. Jean plante le drapeau en haut du mamelon.

JEAN.

Vive la république!...

TOUS.

Vive la république!...

JOURDAN, arrivant tête nue, le sabre en main et couvert de poussière, s'adressant à Carnot qui est en haut du mamelon à côté de Jean.

Citoyen Carnot, le général Cobourg et l'armée autrichienne sont en déroute, la bataille est gagnée!...

CARNOT, entouré de son état-major.

La bataille de Wattignies nous ouvre l'entrée des Flandres, le salut de l'armée du Nord est assuré!...

TOUS.

Vive la France!... Vive la république!...

La musique militaire joue le *Chant du Départ* dans la coulisse.

Rideau.

ACTE CINQUIÈME

HUITIÈME TABLEAU

1800

LE RETOUR DU PROSCRIT

Une place de village à Nolay. — Décor très gai dans son ensemble. Des lilas s'échappent de côté et d'autre. Les chèvrefeuilles grimpent autour des maisons. A droite une maisonnette dans laquelle habitent madame Carnot, Blanche et Margot. Près de la porte un banc rustique auprès d'une petite tonnelle. En face l'Ecole communale et la mairie à laquelle on arrive par un escalier de cinq ou six marches.

SCÈNE PREMIÈRE

CASIMIR, jeune maître d'école, JACQUOT, ENFANTS, PAYSANS, PAYSANNES, THÉRÉSON.

Au lever du rideau, Jacquot et les enfants, groupés sur les marches de la mairie, sont occupés à tresser des couronnes, pendant que les paysans et les paysannes travaillent à faire un petit arc de triomphe qui est au fond. Casimir très affairé va et vient au milieu de tout le monde. — Théréson est occupée à enguirlander de fleurs un chevalet qui se trouve sous la petite tonnelle de droite. Un portrait de Jean Renaud au fusain et encadré se trouve placé sur le chevalet.

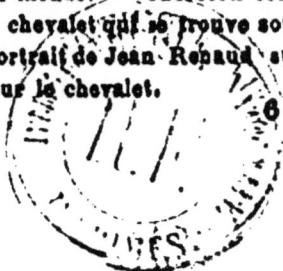

CASIMIR, tirant sa montre.

Dix heures et demie... et le citoyen Carnot qui arrive à Nolay à onze heures... nous ne serons jamais prêts, c'est navrant !

JACQUOT.

M'sieu Casimir !

CASIMIR.

Mon enfant ?

JACQUOT.

Est-ce vrai que le citoyen Carnot est le plus grand patriote de notre temps ?

CASIMIR.

Mais personne n'en doute.

JACQUOT, se rapprochant.

Qu'est-ce qu'il a donc fait ?

CASIMIR, entouré de tous les enfants.

Ce qu'il a fait? Il a donné l'exemple de l'héroïsme en dirigeant les quatorze armées de la République, mon enfant ! Il a été gigantesque... il a été sublime !... En dix-sept mois, il a remporté vingt-sept victoires... il a fait quatre-vingt-onze mille prisonniers... il s'est emparé de cent seize places fortes... trois mille huit cents bouches à feu... soixante-dix mille fusils et quatre-vingt-dix drapeaux... Voilà ce que ce grand citoyen a fait !

TOUS LES ENFANTS, dans l'admiration.

Oh !

CASIMIR.

Je vous l'ai toujours dit : « *Labor improbus omnia vincit !*... » Et ne croyez pas, mes enfants, que vous allez avoir sous les yeux, un bravache... un butor... un braillard !... Pas du tout !... Le citoyen Carnot est doux, affable, bienveillant. En un mot, l'ensemble de sa physionomie est un paisible sentiment de lui-même !

JACQUOT.

Et il revient au milieu de nous... en Bourgogne.

CASIMIR.

Il revient dans son pays natal embrasser ceux qu'il aime... après deux ans et demi d'exil !

JACQUOT.

Il a donc été exilé!

CASIMIR.

Au 18 fructidor!... Heureusement son ennemi, ce coquin de Barras vient d'être renversé avec toute la clique du Directoire et nous allons fêter aujourd'hui l'honnête homme que ses contemporains ont surnommé l'Organisateur de la victoire! (Regardant sa montre.) Seulement j'ai une peur atroce que nous soyons en retard!... Activons, activons!

JACQUOT.

Ah! monsieur Casimir, l'*arche* de triomphe est finite!

CASIMIR.

Finite... *arche* de triomphe... Qu'est-ce qui vous apprend donc le français?

JACQUOT et LES ENFANTS.

C'est vous, m'sieu!

CASIMIR.

Voulez-vous bien vous sauver,... Allez vite vous habiller.

JACQUOT.

D'autant plus que nous avons terminé nos couronnes!

CASIMIR.

Allez, allez, mes enfants! Allez! Et n'oubliez pas qu'arche de triomphe est du masculin!

Les enfants et les paysans disparaissent, les uns par le fond, les autres par la porte de la mairie.

SCÈNE II

CASIMIR, THÉRÉSON.

CASIMIR, toussant.

Hum! hum! (S'approchant de Théréson, et à part.) Il faut ab-

solument qu'aujourd'hui même... (Haut.) Bonjour, belle
Théréson !

THÉRÉSON, sans détourner la tête.

Bonjour, m'sieu Casimir !

CASIMIR.

Vous avez l'air bien affairé ce matin. Oh! femme désirable et potelée! Vous ne m'avez pas seulement dit le
moindre mot aimable!

THÉRÉSON.

Je n'ai pas le temps.

CASIMIR.

Qu'est-ce que vous faites donc là?...

THÉRÉSON.

J'enguirlande de fleurs le portrait de M. Jean... C'est
une idée à mademoiselle Blanche!

CASIMIR.

Ah! bah!

THÉRÉSON.

Histoire de le faire assister à la cérémonie triomphale
qui va avoir lieu ici tout à l'heure!

CASIMIR, regardant le portrait.

Est-ce que c'est elle qui l'a fait?

THÉRÉSON.

Oui... de souvenir... avant qu'il parte pour Cayenne!

CASIMIR.

Ah! c'est gentil, ça !

THÉRÉSON.

Dame, quand on aime...

CASIMIR, soupirant.

Ah! Théréson!

THÉRÉSON, se retournant.

Qu'est-ce qui vous prend!

CASIMIR.

Ce n'est pas vous qui feriez comme ça mon portrait de
souvenir!

THÉRÉSON.

Moi !...

CASIMIR.

Écoutez, Théréson... tout à l'heure il y avait du monde, je n'ai pas pu vous dépeindre ma flamme...

THÉRÉSON, riant.

Votre flamme!...

CASIMIR.

Adorez-moi... tout simplement!... Je ne vous demande que ça!...

THÉRÉSON.

Mais, bagasse, puisque je vous répète...

CASIMIR.

Fugit irreparabile tempus... comme a dit Horace.

THÉRÉSON, vivement et se rapprochant.

Horace! Vous l'avez connu?

CASIMIR.

Oui... Si l'on peut dire que l'on connaît un homme par ce qu'il a produit?

THÉRÉSON.

Ah! par exemple!

CASIMIR.

C'était un grand poète... un génie!

THÉRÉSON.

Oh! un génie!... Je crois que vous exagérez!

CASIMIR.

Non, je n'exagère pas! Quintus Horatius Flaccus à vingt-deux ans tenait déjà la langue de Lucrèce et d'Homère!

THÉRÉSON.

Il a tenu la langue de ces personnes-là!

CASIMIR.

Quand je dis qu'il les tenait, je veux dire qu'il les possédait!

THÉRÉSON.

Expliquez-vous?...

CASIMIR.

Ce fut à Athènes qu'il rencontra Brutus!

THÉRÉSON.

Brutus? Mais non c'est à l'armée du Nord!...

6.

CASIMIR.

Je vous répète que ce fut à Athènes! Brutus persuada à Horace de se faire militaire... et la première fois qu'il vit une bataille dans les plaines de Phillipes... il eut une peur atroce... à ce que raconte l'histoire!

THÉRÉSON.

Qu'est-ce que vous me racontez là!... Horace avoir eu peur!

CASIMIR.

« *Relicta non bene parmula...* » comme il dit lui-même en se vantant de sa venette.

THÉRÉSON, agacée.

Alors vous osez prétendre qu'Horace...

CASIMIR.

Horace était un couard!...

THÉRÉSON.

Un couard!...

CASIMIR.

Parfaitement!...

THÉRÉSON, se montant.

Ah çà! mais.., vous savez... que vous commencez à m'échauffer les oreilles avec toutes vos calembredaines!

CASIMIR.

Calmez-vous... femme grassouillette! Laissons là ce poète et ne parlons plus que de notre amour!

THÉRÉSON.

Notre amour!...

CASIMIR, très ardent.

Laissez-moi croire que je suis le Christophe Colomb de vos sensations amoureuses!

THÉRÉSON.

Mais puisque je vous répète pour la millième fois que j'en aime un autre que vous! Bagasse!

CASIMIR, même jeu.

Un autre que moi!... Qu'est-ce que ça me fait!... Comme disait Térence : *Exardesco libidinibus!*

Il veut lui prendre un baiser.

THÉRÉSON, *furieuse.*

Libidinibus! (Elle lui donne un soufflet.) V'lan!

CASIMIR.

Oh!

THÉRÉSON.

Ceci vous apprendra à me dire des libidinibus incon-venants!

CASIMIR, *dramatiquement.*

Les soufflets ne sont point faits pour éteindre la flamme... Au contraire, ils la désolent. (Il imite le vent d'un soufflet.) Vous vous traînerez à mes pieds... c'est moi qui vous le dis... Oh! femme désirable et potelée!

Il disparaît dans la mairie en se tenant la joue.

SCÈNE III

THÉRÉSON, puis BAPTISTE.

THÉRÉSON, *un instant seule.*

Horace qui faisait des vers et qui était un couard!... Imbécile!... va!...

BAPTISTE, *arrivant du fond et s'adressant à Thérésou qui est revenue à la tonnelle.*

Pardon, citoyenne,... pouvez-vous m'indiquer...

THÉRÉSON, *le reconnaissant.*

Té... Baptiste!...

BAPTISTE, *même jeu.*

Mam' Canivet!

THÉRÉSON.

Ah! par exemple! (Ils s'embrassent tous les deux.) Que je suis aise de vous revoir!

BAPTISTE, *posant ses bagages.*

Ah çà! mais... et vous, mam' Canivet, comment se fait-il que je vous retrouve à Nolay en pleine Bourgogne?

THÉRÉSON.

C'est bien simple!... Au lendemain du 18 fructidor... ce

pauvre M. Jean Renaud fut accusé par ce gredin de Barras d'avoir favorisé l'évasion du citoyen Carnot, que le Directoire et ses argousins faisaient traquer comme une bête fauve... à cause de son honnêteté!

BAPTISTE.

Et M. Jean fut déporté à Cayenne...

THÉRÉSON.

Comme si ça n'avait déjà pas été assez, pour lui, d'avoir perdu sa mère et sa sœur, dans la catastrophe du moulin de la Bassée... En voilà un qui aura été éprouvé... Bagasse! Bref! mademoiselle Blanche faillit devenir folle à la suite de tous ces chagrins... sa santé s'affaiblit!

BAPTISTE.

Et finalement les médecins ordonnèrent l'air du pays natal...

THÉRÉSON.

Or, comme il fallait quelqu'un pour assister la pauvre enfant... je me proposai en attendant l'arrivée de cette bonne madame Carnot qui était en Suisse avec son mari et c'est ainsi, mon pitchoum, que je suis venue m'installer à Nolay!

BAPTISTE.

Eh bien! mais... et le service militaire?

THÉRÉSON.

Fini depuis deux ans!... Canivet a repris son commerce!

BAPTISTE.

Et Horace?

THÉRÉSON.

Il est dans les honneurs! Il est attaché au ministère de la guerre en qualité de secrétaire... du sous-secrétaire du cousin du beau-frère du ministre!... (Blanche sort de la maison appuyée au bras de madame Carnot.) Ah! voici mademoiselle Blanche.

BAPTISTE.

Comme elle est pâle.

THÉRÉSON, à Baptiste, bas.

Le docteur prétend qu'il n'y a que le retour de son
fiancé qui puisse la sauver.

BAPTISTE, vivement.

La sauver... dites-vous... mais alors...

THÉRÉSON.

Taisez-vous... elle vous entendrait !

SCÈNE IV

Les Mêmes, BLANCHE et MADAME CARNOT.

BLANCHE, soutenue par madame Carnot; elle est toute pâle.

Je vous répète que le docteur exagère.

MADAME CARNOT.

Pourquoi ne pas avoir eu encore un peu de patience...
Il t'avait défendu de sortir.

BLANCHE.

Que penserait-on... si moi la filleule de Carnot, je n'é-
tais pas la première à le saluer, à lui souhaiter la bien-
venue ! Je veux aller au-devant de lui ! (Elle s'assied sur le
banc.) Comme l'air est pur... comme le ciel est bleu...
comme la nature est belle !

THÉRÉSON, à Baptiste.

Cachez-vous un peu... Votre vue lui causerait trop d'é-
motion !...

BAPTISTE, bas.

Trop d'émotion !... Alors que va-t-elle dire lorsque tout
à l'heure elle reverra M. Jean !

THÉRÉSON, même jeu.

M. Jean est avec vous ?

BAPTISTE, même jeu.

Il a été amnistié par suite de l'arrêté du premier Consul, et il arrive avec le citoyen Carnot !...

THÉRÉSON.

Ah! mon Dieu! Quelle joie!... Mais cette émotion est capable de la tuer!... Il faut qu'elle y soit préparée!

BAPTISTE.

Vous avez raison... ils ne connaissent pas son état de santé... je cours les prévenir tous les deux!

Il disparaît par le fond sans être vu.

SCÈNE V

THÉRÉSON, BLANCHE, MADAME CARNOT.

Ils forment tableau auprès du banc rustique.

BLANCHE.

On dirait que Dieu lui-même a voulu s'associer aux fêtes que l'on prépare pour le retour du proscrit!... Ah! dis-moi, Théréson!

THÉRÉSON.

Mademoiselle.

BLANCHE.

Les fleurs ont-elles été placées autour du portrait de Jean?

THÉRÉSON.

Oui, mademoiselle!

BLANCHE.

Tu as bien choisi toutes celles qu'il préférait, n'est-ce pas?...

THÉRÉSON, montrant la tonnelle.

Vous voyez! Toutes celles que M. Jean aimait le plus... surtout les lilas et les primevères!

BLANCHE, regardant le portrait.

Il me semble ainsi qu'il partage notre joie d'aujourd'hui. Ah! l'exil! Quelle chose cruelle!... Comme il doit souffrir là-bas... comme il doit pleurer!... (Éclatant en sanglots.) Ah! madame, madame... pourvu qu'il ne soit pas trop tard lorsque Jean reviendra parmi nous!...

MADAME CARNOT.

Il faut espérer, mon enfant !

THÉRÉSON.

Et surtout ne pas pleurer comme vous le faites, mademoiselle !

BLANCHE.

Lui si noble, si beau, si généreux... lui dont l'amour était toute ma joie... toute l'espérance de ma vie !... ah ! mon Dieu, mon Dieu, mon Dieu !

Elle pleure.

MADAME CARNOT.

Ne pleure pas ainsi ou tu vas me retirer mes dernières forces !... Prends pitié de moi, ne me désespère pas, Blanche !

BLANCHE.

C'est vrai, madame ! Aujourd'hui doit être un jour de bonheur pour vous ! (S'essuyant les yeux.) Je ne veux plus pleurer... je ne veux plus vous faire de peine. Tenez, je souris !...

THÉRÉSON.

Et vous avez raison, mademoiselle, car la joie que nous éprouvons à revoir le citoyen Carnot est un pressentiment ! Qui vous dit qu'il n'a pas quelque bonne nouvelle à vous apprendre ?

Tout à coup on entend les tambours et les fanfares au lointain.

BLANCHE, surprise.

Qu'est cela ?... (La musique se rapproche et on entend crier :) Vive Carnot, vive l'organisateur de la victoire !

La foule commence à envahir la scène.

MADAME CARNOT.

Ces tambours, ces fanfares !...

BLANCHE, dans un cri de joie.

Lui ! C'est lui !...

SCÈNE VI

Les Mêmes; HORACE et CANIVET.

Ils arrivent tous les deux en courant.

HORACE.

Le voilà ! Le voilà ! Vive Carnot !

CANIVET.

Vive l'organisateur de la victoire !

THÉRÉSON, surprise.

Horace ! Canivet !

Ils s'embrassent de la même manière qu'au sixième tableau.

ENSEMBLE.

Ah ! que c'est bon !...

THÉRÉSON.

Ah çà, comment se fait-il ?...

CANIVET.

Nous avons voulu assister, nous aussi, à la rentrée triomphale du grand citoyen !...

HORACE.

Nous avons pris de la poudre d'escampette, nous avons quitté Paris et nous voilà !

LA FOULE, au loin.

Vive Carnot !...

CANIVET.

C'est un délire général ! Tout le monde l'acclame... c'est à qui lui serrera la main !...

HORACE.

Il est accompagné de toutes les autorités et de la garde nationale de Beaune qui lui fait escorte !...

LA FOULE, envahissant la scène.

Vivat ! hurrah ! Le voilà !...

Entrée de la garde nationale.

SCÈNE VII

Les Mêmes, Paysans et Paysannes, Casimir, Jacquot, Gardes Nationaux, Autorités Civiles et Militaires, puis Carnot.

Entrée de la garde nationale. — Les enfants sortent de la mairie et viennent se placer sur les marches avec Casimir à leur tête. — Entrée des autorités qui se groupent çà et là et qui forment tableau. Blanche toute frémissante, madame Carnot et Théréson forment tableau à droite. Les paysans et les paysannes agitent leurs chapeaux en criant: Vive Carnot ! Vive l'organisateur de la victoire. — Toutes les fenêtres de la place s'ouvrent et se parent de drapeaux. Soudain une berline paraît au fond. — Carnot en descend tout ému et s'avance au milieu des cris qui redoublent et de l'enthousiasme qui est indescriptible. — Quelques officiers vont au-devant de lui et le saluent.

CARNOT, tout ému.

Merci, mes amis... merci, mes chers compatriotes !... Toutes ces mains que vous m'avez tendues... j'ai été fier et heureux de les presser !... Parmi vous, beaucoup ont été mes amis d'enfance... c'est-à-dire les amis les plus sincères, les plus dévoués... ceux qui partageant les mêmes peines, les mêmes joies de mon passé... ont fait naître en moi cette sensation si humaine, l'amour du clocher... ce commencement de l'amour de la patrie ! (Aux enfants.) Aimez-bien votre patrie, enfants !... Travaillez pour la faire grande et forte !... La France a besoin de soldats pour conserver ses richesses... pour la défendre au jour du danger, mais elle a surtout besoin de citoyens instruits et éclairés pour l'élever... pour en faire le flambeau du monde ! Enfants... la devise d'un Français ne doit être que celle-ci: Pour la patrie, les sciences et la gloire !

Applaudissements et hurrahs.

7

TOUS.

Hurrah ! Vive Carnot ! '

UN DÉLÉGUÉ, s'avançant.

Citoyen Carnot, nous comptons sur toi pour le ban-
quet qui aura lieu à midi dans la grande salle de la
mairie.

TOUS.

Vive Carnot ! Vive l'organisateur de la victoire !

Défilé des autorités — de la garde nationale, des enfants et des
paysans. — Ils disparaissent tous par le grand escalier qui
conduit à la mairie.

SCÈNE VIII

CARNOT, BLANCHE, MADAME CARNOT, THÉRÉSON,
HORACE, CANIVET puis JEAN RENAUD.

Blanche qui est toute frémissante et qui peut à peine se maintenir,
s'avance soutenue par madame Carnot.

BLANCHE.

Je vous dis qu'il faut que nous l'embrassions toutes les
deux ensemble !

CARNOT, courant à elles.

Blanche ! Ma femme !

Ils s'étreignent tous les trois.

MADAME CARNOT.

C'est toi... ah ! c'est toi enfin !

CARNOT, les embrassant toujours.

Tous ceux que j'aime et que je retrouve ! Ah ! que je
suis heureux ! Mon cœur se rompt ! (Sanglotant.) Ah ! tenez,
laissez-moi pleurer... ce sont des larmes de bonheur !

MADAME CARNOT.

Carnot ! mon ami !...

CARNOT.

Si vous saviez comme je vous aime !

BLANCHE.

C'est pour cela que je ne voudrais pas encore mourir !...

CARNOT.

Mourir, toi ! Oh ! enfant, ne prononce pas ce vilain mot !... Tu vivras... parce qu'il faut que tu vives... parce qu'il faut que nous soyons tous réunis pour jamais... parce qu'enfin, ma mignonne, il te reste encore une grande nouvelle à apprendre... une nouvelle qui va te rendre heureuse... et qui va nous donner le bonheur à tous !...

BLANCHE, toute fébrile.

Que dites-vous ?...

MADAME CARNOT.

Ah ! mon Dieu, mais regarde donc comme elle a pâli !

CARNOT, à Blanche.

Voyons... me promets-tu d'être calme, Blanche ?

BLANCHE, même jeu.

Expliquez-vous !... Vous me rendez folle !...

CARNOT.

Le bonheur, tu le sais, peut faire beaucoup de mal... je t'en supplie, domine-toi !...

BLANCHE, dans un cri.

Je vous ai deviné ! Jean est avec vous.

CARNOT.

Eh bien... ouil...

BLANCHE.

Jean, mon fiancé...

MADAME CARNOT.

Jean est avec toi !

BLANCHE.

Je veux le voir !

MADAME CARNOT.

Où est-il?...

Carnot leur désigne Jean qui apparaît au fond.

SCÈNE IX

LES MÊMES, JEAN, puis UN COURRIER.

Blanche pousse un grand cri et va se jeter dans les bras de Jean.

BLANCHE.

Jean !

JEAN.

Blanche !

Il la couvre de baisers.

BLANCHE.

Ah ! Dieu est juste ! Dieu m'a rendu... celui que j'aime !
Et moi qui craignais tant de ne plus jamais vous revoir !

JEAN.

Blanche ! ma chère Blanche !

BLANCHE.

Comme vous avez dû souffrir !... comme vous avez dû
être malheureux !

JEAN.

Depuis que je vous ai revue... toutes mes peines sont
oubliées !...

BLANCHE.

Que c'est bon d'entendre votre voix !...

THÉRÉSON, à Blanche.

Je suis sûre que vous ne voulez plus mourir maintenant !

JEAN.

Mourir... elle !... Ah ! nous veillerons si bien sur vous...
ma Blanche adorée, que c'est au bonheur seul que nous
permettrons d'approcher.

Un courrier apparaît au fond et tent un message.

LE COURRIER.

Pour le citoyen Carnot !

CARNOT, le prenant.

Pour moi! (Il le décachète, puis avoir jeté un coup d'œil sur la lettre.) C'est Lebrun qui m'annonce le départ de Berthier pour l'Italie et qui m'offre la direction de la guerre au nom du premier Consul!

JEAN.

Vous acceptez?

CARNOT.

J'accepte!

JEAN.

Avez-vous donc confiance dans la fortune de Bonaparte?...

CARNOT.

Bonaparte peut être un Cromvell ou un Washington! S'il choisit mal... il tombera de haut!...

SCÈNE X

LES MÊMES, LE DÉLÉGUÉ, LES GARDES NATIONAUX et
TOUS LES ENFANTS.

Le délégué apparaît au haut de l'escalier de la mairie pendant que les enfants et les paysans viennent garnir le fond du théâtre. — Les cloches sonnent l'angelus de midi.

LE DÉLÉGUÉ.

Citoyen Carnot... tes compatriotes t'attendent pour porter un toast d'admiration à leur ami d'enfance... à celui qui a le mieux servi et le mieux défendu la patrie menacée!...

CARNOT.

Vous n'avez point à m'admirer, mes amis!... Ce que j'ai fait je suis encore prêt à le faire! La patrie avant tout!...

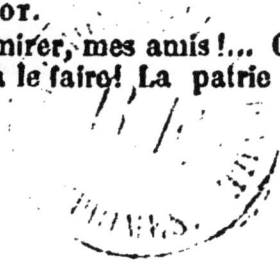

LES ENFANTS, criant.

Vive Carnot !... vive la patrie !...

Tous les enfants se découvrent pendant que les gardes nationaux présentent les armes.

Tableau. — Rideau.

FIN

Imprimerie générale de Châtillon-s-Seine. — A. Pichat

www.ingramcontent.com/pod-product-compliance
Lightning Source LLC
Chambersburg PA
CBHW051742090426
42738CB00010B/2374